MW00760754

LES VIOLONS
PARFOIS

ŒUVRES DE F. SAGAN
DANS PRESSES POCKET :

BONJOUR TRISTESSE (*Grand Prix des Critiques*, 1954.)
DANS UN MOIS, DANS UN AN
LES MERVEILLEUX NUAGES
LE GARDE DU CŒUR
LA CHAMADE

FRANÇOISE SAGAN

LES VIOLONS PARFOIS

théâtre

JULLIARD

© 1962, René Julliard.

ISBN 2-266-01350-5

LES PERSONNAGES

CHARLOTTE

LÉOPOLD

ANTOINE

AUGUSTA

VINCLAIR

CELIE

LISTE DES CRÉATEURS

CHARLOTTE	MARIE BELL
LÉOPOLD	PIERRE VANECK
ANTOINE	ROGER DUTOIT
AUGUSTA	HENRIETTE BARREAU
VINCLAIR	TRISTANI
CELIE	YVONNE MARTIAL

ACTE PREMIER

Salon de province cossu à Poitiers. Deux fenêtres au fond donnent sur la place d'Armes. Décor balzacien.

SCÈNE I

En scène Charlotte (40 ans) et Antoine (45 ans). Plus une femme d'âge indéfini, terne, Augusta (55).

ANTOINE

Hé oui, c'est dur.

> *Charlotte se retourne, le regarde, reprend sa marche de long en large.*

AUGUSTA

Qui pouvait s'attendre à ça ? Combien de fois ne m'avait-il pas dit : « Je sais ce que je dois à Charlotte. Je sais qu'elle a embelli mes dernières années. Crois-moi, elle n'aura pas de soucis. » Et puis voilà... Il a dû perdre la tête, dans ses derniers jours.

ANTOINE

« Et il perdit la tête avant que de la vie. » Non, je l'avoue, votre frère m'a déçu, chère Augusta. Après cinq ans de bons et loyaux services, nous voici sur la paille, Charlotte et moi.

CHARLOTTE

Bons services... Qui les lui rendait, ces bons et loyaux services tous les soirs ? toi ?

ANTOINE

J'avais un rôle modeste, il est vrai. Et je sais, ma chère amie, que tu payais de ta personne avec dévouement et ponctualité. Néanmoins...

CHARLOTTE, *méprisante.*

Ah... qu'est-ce que tu crois ? Que ça me gênait de faire l'amour avec lui, parce qu'il était vieux et rouge et gros ? Non. Ça, au moins l'amour, c'est précis. C'est naturel. Ce qu'il y avait de terrible, c'étaient les grimaces, entre. Ecouter ses discours politiques, recevoir ses abrutis d'amis, servir le porto... Ah ça... Plutôt dix passes que servir le porto.

Elle reprend sa marche.

AUGUSTA

Charlotte, vous savez que je suis euh...
que je ne suis pas pincée. Mais vraiment
vous dites des choses parfois... Après tout,
c'était une liaison officielle et...

CHARLOTTE, *violente.*

Ah non, vous, taisez-vous. J'ai vécu cinq
années avec votre frère qui devait me laisser à sa mort six métairies, une fabrique
de caoutchouc et cette maison. Il meurt et
laisse tout à un inconnu. Et vous voulez
que je me rappelle nos extases en pleurant
de joie ?

AUGUSTA, *timide.*

Il y avait quand même autre chose...

CHARLOTTE

Rien. Rien. Il y avait un marché, tacite,
hélas ! Il m'ennuyait et physiquement je
suis habituée à Antoine. Alors... ?

ANTOINE

Merci, Charlotte...

CHARLOTTE

Alors qu'avons-nous fait cinq ans ici,
dans ce salon ?

ANTOINE

Mais nous avons vécu, ma chère. Pour rien. Pour vivre. Pour le tromper, pour lui mentir. Pour vivre, quoi. Comme nous avons l'habitude de vivre depuis quinze ans. Seulement nous sommes arrivés à Poitiers, c'est moins brillant que Paris.

CHARLOTTE

Par moments tu me dégoûtes, Antoine.

ANTOINE

Parce que je dis la vérité ?

CHARLOTTE

Non, parce que la vérité te gêne.

Un temps.

ANTOINE

Que veux-tu ? Je suis déprimé. Passer cinq ans à faire le cousin protecteur, le voyageur érudit, le parfait ami du couple et me retrouver à la rue... Et les rues de Poitiers...

CHARLOTTE

Et alors ? Qu'est-ce qu'elles ont les rues de Poitiers ? Tu trouves les rues de Paris plus brillantes à l'aube ? Moi, ça me plaisait ces maisons, ces terres, ces fabriques

où le caoutchouc se déroule sur des kilomètres...

ANTOINE

Je sais, je sais. Ton côté terrien, sain,
propriétaire. La terre est saine, l'amour est
sain, l'argent est sain. Tu me tues, par
moments, Charlotte. Evidemment tu me
nourris, ce qui compense.

CHARLOTTE

Celie !

AUGUSTA

Je me demande si mon pauvre frère a su
au dernier moment, pour vous deux...

CHARLOTTE

Pourquoi ?

AUGUSTA

Tout Poitiers le savait. Et ça explique-
rait...

ANTOINE, *excédé*.

Tout Poitiers... vraiment ! Non, chère
Augusta, le tout Poitiers n'y est pour rien.
N'allez pas vous brouiller avec la notairesse
ou la chaisière. J'ai fidèlement tenu mon
rôle. N'allais-je pas tous les mois à Paris
visiter les musées ? Ne passais-je pas des

heures dans ma chambre à griffonner des livres d'art ? N'étais-je pas étourdi, distrait, cardiaque même ? Toutes ces pilules avalées d'un air tragique afin que votre frère ne m'imaginât pas capable de... rendre hommage à Charlotte. Le vieux cousin... vraiment, de tous les rôles que j'ai pu jouer, c'était bien le plus conventionnel. Guignol !...

CHARLOTTE

Ne te couvre pas de compliments. On n'a pas un sou.

ANTOINE

De cigarettes non plus. C'est bien fâcheux. Mais tâche par moments, de penser à autre chose.

CHARLOTTE

A quoi ? Qui crache sur l'argent ici, hein ? Qui ?

AUGUSTA

Pas moi. Jamais jamais moi !

ANTOINE

Eh bien vous avez tort. Moi aussi d'ailleurs.

*Charlotte le regarde avec fureur,
puis hausse les épaules.*

CHARLOTTE

En attendant, le petit cousin, le petit crétin, l'inconnu de Nantes, l'heureux léga-
taire, va débarquer ici. J'ai l'intention de
m'en occuper.

ANTOINE

De quelles façons ?

CHARLOTTE

Toutes. N'importe lesquelles. Une chance,
le noir me va.

ANTOINE

A mon avis — il a vingt ans, non ? —
il doit être fiancé, avec des vues sur une
Simca sport, une télévision et un appartement moderne. Tu n'as aucune chance.
Ces petits jeunots d'aujourd'hui, avec leurs
rêves de confort, sont mille fois plus féroces
que nous, dans le temps, avec nos rêves de
folies.

CHARLOTTE

On lui changera ses rêves. Ce n'est pas
malin. Il suffira de changer ses nuits. Et
s'il est féroce, tant mieux, on s'entendra.

Ce qui me ferait peur, c'est un benêt, honnête, avec la loi derrière lui. La pire espèce.

ANTOINE

Il aura du mal à être benêt longtemps. Le tout-Poitiers, comme dit Augusta, le tout-Poitiers excédé depuis cinq ans par tes dîners, tes fastes et tes insolences, aura vite fait de le renseigner.

CHARLOTTE

Et puis ! Ce qu'on dit sur certaines personnes disparaît dès qu'on les voit !

ANTOINE

Et tu en es ?

CHARLOTTE, *sèche*.

J'en ai été. Tu dois t'en souvenir, non ? Ça t'a coûté assez cher.

ANTOINE

Certes. Qu'y a-t-il, chère Augusta, quels sont ces bruits ?

AUGUSTA

Rien, je me mouche.

ANTOINE

Votre frère, sans doute ? Mais, vous, chère Augusta, vous avez une maison, si je ne m'abuse, d'après ce testament infâme

qu'on a eu le toupet de nous lire tout à
l'heure ?

AUGUSTA, *pleurnichant.*

Oui, une maison, l'Oliveraie. Mais loin,
si loin...

ANTOINE

Loin de quoi ?

AUGUSTA

Loin de quoi ? Mais de Poitiers, voyons.
Et défense de la vendre.

ANTOINE, *sarcastique.*

Mon Dieu, loin de Poitiers... quel drame !

CHARLOTTE

Cela suffit, Antoine. Ça suffit. Ma petite
Augusta, je compte sur vous. Vous aimiez
votre frère, n'est-ce pas ? Si. Et il vous
chérissait ? Si. Si, si.

AUGUSTA

Mais vous savez bien...

CHARLOTTE

Rien. Je sais que votre frère, dans un
moment de folie, fréquent chez les grands
malades, vous a dépossédée. Et que c'est
inadmissible.

AUGUSTA

Mais Charlotte...

CHARLOTTE

C'est la vérité. De même que la femme
respectable qui avait renoncé à sa vie pour
lui, qui le soignait sans rien dire, sans vouloir s'imposer, comme épouse, par une
discrétion admirable. Je parle de moi. Vous
me suivez ?

AUGUSTA

Non, je...

CHARLOTTE

Nous allons lutter contre la loi, les can-
cans de Poitiers et un jeune crétin. Ensemble. Ce sera dur. Et j'ai de drôles
d'aides de camp. Enfin...

ANTOINE

Tu penses l'avoir à la persuasion morale, la pitié, le dévouement ?...

CHARLOTTE

Je commencerai par là, oui. On ne sait
jamais. Tu peux rire, Antoine. Tout le
monde n'est pas aussi corrompu que toi...
et moi. C'est ta faiblesse, tu manques d'ima-
gination. Eh oui... beaucoup de gens culti-

vent encore de bons sentiments. (*Elle rit.*)
Regarde ta pauvre Norma...

ANTOINE

Ou Victor, c'étaient des gens qui en
avaient les moyens.

CHARLOTTE, *méprisante.*

Pourquoi eux ? Tu les as bien eus, non,
les moyens ?

> *Un temps. Antoine allume une ciga-
> rette nerveusement. Augusta renifle,
> Charlotte poursuit sa marche.*

CHARLOTTE

D'ailleurs cette phrase est idiote. L'argent rend égoïste. C'est bien pourquoi je
veux en avoir. Je trouve l'égoïsme confortable, équilibrant...

ANTOINE

... sain.

CHARLOTTE

Oui. Sain. Je déteste les martyrs, les
intellectuels, les bavards. J'aime les gens
calés en large dans leur fauteuil, ou calés
en long dans leur lit, repus, silencieux, soli-
taires et contents de l'être. Les gens qui
savent le prix du caviar et se fichent du

prix de la baguette. Les autres sont d'une espèce qui m'ennuie.

ANTOINE

Tu n'en connais pas, de ces autres.

CHARLOTTE

J'en ai connu, et ils m'ont fait souffrir, et je me suis vengée. Tu le sais aussi, non ?

Ils se regardent.

CHARLOTTE, *doucement.*

... tes beaux discours, Antoine... ton Stendhal... tu te rappelles cette aube à Deauville, sur la plage. Tu me récitais des poèmes en smoking en buvant du champagne, je n'avais pas trente ans, j'étais fascinée.

ANTOINE, *froid.*

Effectivement, ça ne valait pas un chèque.

CHARLOTTE

C'est ce que j'ai vu. (*Elle rit.*) J'ai compris ce jour-là que tu avais du bon sens.

ANTOINE

C'est la chose au monde la mieux partagée.

Un temps. Charlotte qui le regardait fixement, se détourne.

CHARLOTTE

C'est amusant. Il y avait longtemps que nous n'avions pas évoqué tout ça. Il nous a fallu ce... ce...

ANTOINE

Ce deuil...

Charlotte éclate de rire. Augusta les regarde d'un air effaré. Entre Vinclair, grand, chauve, soucieux.

CHARLOTTE

Ah vous voilà, Vinclair. Vous avez mis le temps.

VINCLAIR

Excusez-moi, Charlotte. J'ai dû faire tout le tour de la ville.

ANTOINE

Mais qu'ont-ils tous à parler de Poitiers comme si c'était Los Angeles ?

AUGUSTA, *piquée.*

Qu'a donc Los Angeles de plus que Poitiers ?

ANTOINE

Cent kilomètres de long.

CHARLOTTE, *irritée.*

Chut. Alors ? D'abord qui vous a renseigné ?

VINCLAIR

Madame Sabatier. Pas la femme du maire, l'autre.

CHARLOTTE

Très bien. Elle est méchante à frémir, mais exacte.

VINCLAIR

Alors il semble que ce Léopold ne soit pas tout à fait normal.

CHARLOTTE

Bravo. Les fous n'héritent pas.

VINCLAIR

Je n'ai pas dit qu'il était fou. Il a eu des histoires, étant petit. Méningite, aucun examen, j'ignore s'il a son brevet, même.

Il rit.

ANTOINE, *ironique.*

Evidemment vous avez fait H. E. C.

VINCLAIR

Eh oui. Je ne suis pas licencié ès lettres, histoire et art gothique, moi. J'ai un métier, moi.

CHARLOTTE

Vous n'allez pas encore vous jeter vos diplômes à la tête tous les deux. Il s'agit d'autre chose. Donc le petit est attardé.

VINCLAIR

C'est ce qu'il en ressort. De plus il n'a pas mis les pieds à Poitiers depuis vingt ans. Il en avait cinq. Aucune famille. Service militaire accompli sans histoires.

CHARLOTTE

Bien dommage. Le service militaire est pourtant devenu dangereux. J'avais cru comprendre qu'il était moins charmant que d'habitude d'avoir vingt ans de nos jours.

VINCLAIR

Il s'en est tiré. Depuis on ignore ses activités. Il vit à Nantes, à l'Hôtel du Rhône.

ANTOINE

Que fait le Rhône à Nantes, on se le demande.

AUGUSTA, *ferme*.

En tout cas, il n'y passe pas.

CHARLOTTE

De quoi vit-il ? A-t-il une liaison ? Il a une maîtresse ?

VINCLAIR

Comment voulez-vous que je le sache ?
Madame Sabatier lui envoyait des nou-
velles de son oncle, Dieu sait pourquoi.
C'est ainsi qu'elle avait son adresse. Vous
savez bien qu'elle passe son temps à écrire.

ANTOINE

On sait. Quand il pleut, elle écrit à
l'O.N.M. pour le leur signaler.

CHARLOTTE

Bref, vous avez juste découvert qu'il
vivait à Nantes en parfaite santé et sans
diplômes. Bravo ; c'est malin.

ANTOINE, *gai.*

Ce n'est pas incompatible, tout ça.

Entre Celie, la femme de chambre.
Vieille, effarée, tremblotante.

CELIE

Madame, il y a là un monsieur qui... je
crois qu'il veut la charité. Il est tout drôle.

AUGUSTA

Je vous ai dit cent fois de jeter les men-
diants dehors. Vous êtes sourde ?

CHARLOTTE

Augusta, je vous interdis de parler sur ce

ton à Celie. Gardez vos hargnes pour vos amies. Pourquoi croyez-vous qu'il veuille la charité ?

CELIE

Il est si aimable...

CHARLOTTE

Bravo. Ah c'est beau, c'est beau, tout ça. Ma pauvre Celie demandez-lui son nom, et ce qu'il veut... Quel âge a-t-il ?

CELIE

Oh tout jeune, Madame, tout jeune...

CHARLOTTE, *brusquement.*

C'est lui. Je suis sûre que c'est lui.

ANTOINE

Enfin... le notaire n'a pu le prévenir qu'aujourd'hui.

CHARLOTTE

Faites-le entrer.

> *Entre Léopold. Il est jeune, l'air parfaitement innocent, distrait, mal vêtu.*

CHARLOTTE

Vous êtes Léopold.

LÉOPOLD, *souriant.*

Je... oui.

CHARLOTTE

Asseyez-vous. Vous arrivez ?

LÉOPOLD

Oui. J'ai lu, hier, dans un journal, que mon oncle était mort. Je voulais euh... assister aux funérailles, non pas que je le connaisse bien mais je... je passais à côté de Poitiers. Il m'a semblé...

CHARLOTTE

Que c'était une bonne occasion. Seulement l'enterrement a eu lieu hier.

LÉOPOLD

Hier !

CHARLOTTE

Ceci dit vous avez bien fait de venir. Je présume que vous n'avez pas reçu la lettre de maître Duvangot ?

LÉOPOLD

Maître Duvangot ?

CHARLOTTE

Le notaire.

LÉOPOLD

Non !

CHARLOTTE

Bref, je me réjouis de vous l'apprendre moi-même : vous héritez.

LÉOPOLD, *stupéfait.*

J'hérite ? J'hérite de quoi ?

CHARLOTTE

Six métairies, une fabrique de caoutchouc, cette maison, etc...

LÉOPOLD

C'est très gentil.

CHARLOTTE

C'est tout ce que vous trouvez à dire ?

LÉOPOLD

Mon Dieu, oui ! Nous nous connaissions
si mal... Il est gentil de s'être souvenu de
moi, comme ça, au dernier moment.

ANTOINE, *ironique.*

Ça, c'est vrai.

CHARLOTTE

Je répète : vous héritez pour près de
trois cents millions.

LÉOPOLD

C'est énorme.

*Un temps. Ils le regardent. Flotte-
ment. Léopold sourit aimablement.*

CHARLOTTE

Je comprends que vous soyez un peu
secoué. Nous le sommes tous d'ailleurs.

J'aurais dû faire les présentations. Je suis Charlotte Lothaire, une amie de votre oncle. Voici Antoine Dupré, mon cousin. Augusta, la sœur de... bref votre tante. Et Vinclair, un ami.

Léopold s'est levé. Augusta se jette dans ses bras en pleurant.

AUGUSTA

Léopold, mon cher petit. Mon neveu, mon petit neveu...

CHARLOTTE

Du calme, Augusta. Si je comprends bien, Léopold n'est que le neveu de votre ex-belle-sœur.

AUGUSTA

Oui, cette chère Henriette. Ah, elle vous aimait aussi, Léopold. Il y a sept ans, maintenant, que mon frère l'a perdue, il ne s'en était jamais consolé et...

CHARLOTTE

Eh bien c'est fait maintenant... Je veux dire : il l'a rejointe. Séchez vos larmes. Et lâchez ce malheureux qui ne vous connaît pas.

LÉOPOLD, *doucement*.

Ne pleurez pas, Madame. Voulez-vous
mon mouchoir ?

> *Il essuie les yeux d'Augusta comme
> à un enfant. Les autres les regardent,
> ironiques.*

VINCLAIR

Je crains d'être de trop.

ANTOINE

Je le crains aussi.

CHARLOTTE, *sèche*.

Au revoir ! Vinclair. Je crois que madame Sabatier vous écrivait souvent ?
J'imagine qu'elle vous parlait de nous, enfin
de moi.

LÉOPOLD, *rouge*.

Oui, Madame.

CHARLOTTE

Vous êtes donc au courant de la situation passée, même si elle a été déformée,
ce dont je suis sûre.

LÉOPOLD

Je tiens à vous dire que je n'ai jamais
écrit à Madame Sabatier. Je... en fait

depuis quelque temps, je ne lisais plus ces
lettres.

CHARLOTTE

Pourquoi ?

LÉOPOLD

Par respect pour vous, madame. Voyez-
vous, madame Sabatier ne vous aimait pas
et ses lettres étaient... enfin... Je n'aime pas
la haine, cela me fait peur. Enfin...

CHARLOTTE

C'est très bien, jeune homme. Vous per-
mettez que je vous appelle Léopold ? Donc
vous n'ignorez pas les liens qui m'atta-
chaient à votre oncle.

LÉOPOLD

J'ai compris que vous viviez ensemble.

CHARLOTTE

Voilà. Depuis cinq ans, j'habite ici. Votre
oncle avait eu en même temps une grande
amitié pour Antoine. Nous formions un
petit groupe ici, tranquille et heureux. Et...

ANTOINE

Ne t'attendris pas.

LÉOPOLD

Je tiens à vous dire, Madame, que cette

maison est à vous, c'est votre vie, je ne
veux surtout pas vous déranger. Je m'en
vais tout de suite, d'ailleurs... je vous laisse.

CENTER ANTOINE

Mais vous ne nous dérangez pas, voyons.

CENTER CHARLOTTE

Il n'en est pas question. Cette maison est
la vôtre, à partir d'aujourd'hui. C'est à nous
de faire nos valises.

CENTER LÉOPOLD, *désespéré.*

Ah non, je vous en supplie. Moi, je passais par Poitiers, je passais comme ça. Je
voulais juste saluer mon oncle une dernière
fois. Je ne veux pas habiter ici du tout. Que
ferais-je tout seul dans cette maison ? C'est
impossible. Je suis venu à pied, si j'avais
su, j'aurais fait un détour.

CENTER CHARLOTTE et ANTOINE

A pied ?

CENTER LÉOPOLD

Oui. C'est une route merveilleuse. Il fai-
sait très beau. Je suis parti il y a un mois.
Et hier ce journal... Ah non, non !

Il s'effondre dans un canapé.

CHARLOTTE

Dites-moi... Mon cher Léopold. Vous
avez hérité de trois cents millions.

LÉOPOLD

Je dois dire qu'un peu d'argent m'arrange, je n'en avais plus du tout. Mais trois
cents millions, des métairies, du caoutchouc... non. Que voulez-vous que j'en
fasse ?

CHARLOTTE, *furieuse.*

Est-ce que vous vous fichez de moi ?...
Non, il ne se fiche pas de moi. Il voyage
à pied, il a vingt francs sur lui probable-
ment, on lui donne trois cents millions et
il a le cafard. Voilà. Mais qu'avez-vous
dans la tête ?

AUGUSTA

Il est vrai que vous êtes d'une légèreté,
Léopold.

ANTOINE

Vous l'avez dit : il est léger. Mais si vraiment toutes ces propriétés l'ennuient, il n'a
qu'à s'en débarrasser. Un arrangement est
vite fait.

CHARLOTTE

Et moi qui me mettais en colère. Léopold, écoutez-moi. Je vous comprends, Léopold : l'argent vous dégoûte, n'est-ce pas ? C'est contraire à vos théories ?

LÉOPOLD

Mais non. Je trouve ça très commode. Seulement je ne veux pas avoir des usines, des métayers, des gens à diriger, des choses comme ça. Ni des actions, qui montent, qui descendent, etc...

CHARLOTTE

Je vous dirais bien de vendre. Mais le testament est formel. Interdit. Vous voilà bien.

LÉOPOLD

Je vous demande pardon, Madame, je dois vous paraître bien bête et bien incapable. Mais en fait je ne sais pas faire grand-chose. Je... manque de ressort.

CHARLOTTE

Du ressort ?

LÉOPOLD

At-choum !

CHARLOTTE

A vos souhaits !

LÉOPOLD

Oui. C'est ce qu'on dit de moi en général, à Nantes. Je manque de ressort, je me noie dans une coupe d'eau...

CHARLOTTE, *rectifiant*.

Dans un verre d'eau.

LÉOPOLD

Dans un verre d'eau.

CHARLOTTE

Alors qu'allez-vous faire ?

LÉOPOLD

Je ne sais pas ; je ne peux pas léguer tout cela à quelqu'un, n'est-ce pas ? Mais si quelqu'un s'en occupait pour moi ?

CHARLOTTE

C'est une responsabilité écrasante, mon petit ami.

LÉOPOLD

Par exemple, vous qui connaissiez bien mon oncle, sa façon de travailler.

CHARLOTTE

Moi ! Vous plaisantez... Vous trouvez que j'ai une tête de femme d'affaires ? Vous

vous croyez à New York ? Vous me voyez derrière un bureau ?

ANTOINE

Effectivement ce n'est pas ton genre de meuble.

LÉOPOLD

Je ne voulais pas dire ça. Mais ces questions financières étant donné que je n'ai aucun besoin d'argent, et que...

CHARLOTTE

Il n'en est pas question.

LÉOPOLD

Alors peut-être monsieur Vinclair... Je comprends bien que ces questions ennuient une femme...

CHARLOTTE

Ennuie ? Ça ne m'ennuie absolument pas. Et votre idée est bonne. Quand ?

LÉOPOLD, *ahuri*.

Quand quoi ?

CHARLOTTE

Quand voulez-vous que nous signions cet accord de gestion devant le notaire ?

LÉOPOLD

Mais quand vous voulez. Tout de suite, si ça ne vous ennuie pas.

Un temps, ils se regardent.

ANTOINE

Nous devons établir un texte, rapidement. Je vais faire appeler maître Durangot. Vous, mon ami, restez ici. Venez, Augusta, nous aurons sûrement besoin d'un témoin.

Augusta fait un geste rapide vers Léopold.

AUGUSTA

Mon petit, vous, vous êtes sûr...

CHARLOTTE, *sèche.*

Oui, Augusta, il est sûr. Dehors.

Ils sortent. Léopold se met à rire.

CHARLOTTE, *méfiante.*

Pourquoi riez-vous ?

LÉOPOLD

Mais de soulagement. Je ne sais comment vous remercier.

CHARLOTTE

Vous me remercierez plus tard.

LÉOPOLD

Vous êtes sûre que votre cousin, monsieur...

CHARLOTTE

... Dupré.

LÉOPOLD

... ne se sentira pas gêné par cette responsabilité ?

CHARLOTTE

Ne vous inquiétez pas. Je prendrai moi-même les responsabilités.

LÉOPOLD

Tant mieux. Vous savez, je suis très heureux de vous avoir connue. Ces lettres de madame Sabatier étaient si absurdes. Maintenant je sais que vous êtes quelqu'un en qui je peux avoir confiance complètement c'est bien agréable.

CHARLOTTE

En effet.

LÉOPOLD

Quand je dis confiance, je ne parle pas au sujet argent, ni rien de la sorte.

CHARLOTTE, *sursautant.*

Que voulez-vous dire ?

LÉOPOLD

Je parle autrement. Je veux dire, j'ignore si vous aimez l'argent ou pas, et ce n'est pas important. Je veux dire que j'ai confiance en vous pour autre chose.

Rentre Antoine.

ANTOINE

Voilà, c'est fait.

CHARLOTTE

Nous approfondirons tout cela un autre jour, mon petit Léopold.

LÉOPOLD

At-choum.

CHARLOTTE

Vous avez pris froid. Voulez-vous voir votre chambre ? Je vais vous la faire préparer. Ah ! autre chose, Léopold. Ne parlez pas à monsieur Vinclair, ni à Augusta d'ici que vous ne soyez redescendu. Je vous expliquerai pourquoi.

LÉOPOLD

C'est entendu. Elle semble bien malheureuse pourtant.

CHARLOTTE

Vous la consolerez aussi par la suite.

Celie... accompagnez monsieur Léopold à
la chambre bleue.

LÉOPOLD

J'ai laissé mon sac au café. Je dois aller le
chercher. Je reviens tout de suite.

Il sort.

ANTOINE

Alors ?

CHARLOTTE

C'est un fou. Pas un blanc-bec, ni un
benêt. Non : un fou.

ANTOINE

Je fais préparer par Durangot un contrat,
je ne te dis que ça. Gestion des affaires,
responsabilités des bénéfices, droit de veto,
etc. Il faudra lui donner quelque chose,
d'ailleurs, à Durangot, si vraiment ce petit
poulet signe cette folie.

CHARLOTTE

Il signera.

ANTOINE

Il faut avouer... pour un coup de chance,
c'en est un.

CHARLOTTE

Oui.

ANTOINE

Tu ne sembles pas si enchantée. Toi qui te préparais à une lutte farouche, tu es frustrée de ta bataille, c'est ça ?

CHARLOTTE

Non. Je n'aime pas que les gens soient comme ça, c'est tout. Je déteste cela. Cette méconnaissance de l'argent...

ANTOINE

Tu n'aimes pas qu'on ait d'autre dieu que le tien ?

CHARLOTTE

Tu devrais dire que le nôtre. A nous deux. Je n'aime pas ton ironie, Antoine. Tu tiens plus encore que moi à tout cela.

ANTOINE

Naturellement. Et alors ?

CHARLOTTE, *brusquement gaie.*

Alors nous allons avoir une vie divine, mon petit Antoine. Nous allons faire fructifier les belles affaires de Léopold. J'irai à Paris avec toi, je n'ai plus de bijoux convenables. Poitiers sera une fois de plus scandalisé. Après l'oncle, le neveu. Et celui-ci, sans contre-partie. Dommage, d'ailleurs, il est plus mignon que son pauvre oncle.

ANTOINE

Rien ne t'empêchera, ma Charlotte, si l'idée t'en vient...

CHARLOTTE

Non. Rien. Mais je n'aime pas les martyrs, ni les trompés, ni les malchanceux. Ça ne m'excite pas. Il ne m'excite pas. Et en plus il a confiance en moi. C'est trop.

ANTOINE, *doux*.

Et s'il venait à ruer dans les brancards ?

CHARLOTTE

Ne t'inquiète pas, Antoine, je ferais ce qu'il faudrait. Tu me connais, non ?

Un temps.

ANTOINE

Oui. Tu en as toujours fait assez, sinon plus. En attendant il faut aller chez Durangot, et au plus vite. Passez, ma chère, la vie s'arrange.

Rentre Léopold, son baluchon à la main. Il le pose et se promène, rêveur, touchant les meubles de la main.

CELIE

Si Monsieur veut me suivre...

LÉOPOLD

Oui, oui. Non, donnez-moi ça, c'est lourd. (*Il reprend son baluchon, s'arrête devant le portrait...*) Il y avait bien longtemps que je ne l'avais pas vu.

CELIE

Pauvre Monsieur !

LÉOPOLD, *froid.*

Il avait beaucoup grossi.

CELIE

Oui, les derniers temps, surtout. C'est ce qui l'a emporté.

LÉOPOLD

Il était... euh... il était gentil ?

CELIE

Gentil ?

LÉOPOLD, *gêné.*

Oui, je veux dire : avec les gens.

CELIE

C'était un homme honnête, oui.

LÉOPOLD, *riant.*

Ah... bien sûr. Ce n'est pas toujours pareil. C'est beau ici.

CELIE

Ce sont des meubles de famille.

LÉOPOLD

Les tissus sont doux, on se noierait dans ces fauteuils. C'est bien agréable. (*Il s'assied avec précaution.*) Mon baluchon ne va pas ici. (*Il le balance. Celie se met à rire, il la regarde, étonné.*) ... De toutes façons, je ne vais pas rester longtemps, vous savez. Ni mon baluchon. Nous allons jusqu'à Bordeaux, peut-être. Vous connaissez Bordeaux ?

CELIE

Non, Monsieur. Madame m'a demandé de montrer sa chambre à Monsieur.

LÉOPOLD, *triste.*

Ah bon, bien sûr. (*Ils se dirigent vers la porte.*) ... Ça me fait un drôle d'effet qu'on me dise : Monsieur et la chambre de Monsieur...

Ils sortent.

SCÈNE II

En scène Charlotte, un crayon à la main, vérifie des comptes. Antoine, dans un fauteuil, somptueusement habillé, fume le cigare en feuilletant le journal.

CHARLOTTE, *marmonnant.*

Ce métayer est un voleur. Tu as entendu parler, toi, de ce microbe qui aurait tué cinquante vaches dans la région ?

ANTOINE

Ma chère, on ne me parle jamais de ce genre de choses, Dieu merci.

CHARLOTTE

Naturellement : l'art gothique. Tu ne penses pas que tu pourrais m'aider, Antoine ? Nous vivons de ces vaches et de ce caoutchouc. Ce ne sont pas ces dix millions

de bijoux et tes nouveaux costumes qui
nous feront une vieillesse heureuse.

ANTOINE

Je suis un parasite, douce Charlotte. Tu
t'es mis des propriétés sur les reins,
occupe-t'en. Tu joues très bien ton rôle,
d'ailleurs, comme d'habitude.

CHARLOTTE

Mais j'en ai assez, moi. Je suis une
femme entretenue, je ne suis pas une
femme d'affaires. Remarque, ça ne me
déplaît pas. Ce qui m'exaspère, c'est ta
veulerie d'une part, et la malhonnêteté des
gens d'autre part.

ANTOINE

Comme je te comprends. Comment va
le malade ?

CHARLOTTE

Mieux. Ce n'était qu'une grosse grippe.
Il doit descendre ce soir.

ANTOINE

J'espère que ses médicaments ne nous
auront pas coûté trop cher. Déjà que ce
garçon fume des Baltos, si en plus il faut

lui faire de la pénicilline, nous n'en sorti-
rons plus.

Il éclate de rire.

CHARLOTTE

Je le garderai en vie, et les propriétés en
état, ne t'en fais pas.

ANTOINE

Il faut dire qu'il n'est pas gênant. A
peine signé l'acte qui le dépossède de tous
ses biens, il s'en va gaiement, à pied, en
m'empruntant dix mille francs. Il a fallu
qu'il y ait cette averse et qu'on nous le
ramène grelottant, et à moitité mort dix
jours plus tard. Pas de chance.

CHARLOTTE

Il est préférable qu'il passe quelques
jours ici de temps en temps. Vis-à-vis des
gens.

ANTOINE

Et Augusta ? Tu comptes la garder longtemps ?

CHARLOTTE

Je n'ai pas eu le temps de m'en occuper.

*Rentre Léopold, en robe de cham-
bre, appuyé sur Celie.*

ANTOINE

Ah vous voilà ! Vous êtes mignon dans ma robe de chambre. Ça va mieux ?

LÉOPOLD

Oui, oui. Je suis désolé de vous avoir encombré si longtemps, et tout ce dérangement...

CHARLOTTE

Vous êtes ici chez vous.

LÉOPOLD

Voyez-vous, curieusement, c'est l'effet que ça me fait.

ANTOINE

Ah, ah, c'est déjà autre chose, ça.

LÉOPOLD

Je veux dire : la chambre bleue, la fièvre, les fleurs que me portait Celie, les tisanes, j'étais si bien que j'aurais voulu être malade comme ça depuis l'enfance. Mon Dieu, vous travaillez ?

CHARLOTTE

Oui. Vos affaires ne vont pas bien.

LÉOPOLD

Ça ne fait rien. Ne vous faites aucun souci, je vous prie. Merci, Celie.

Charlotte hausse les épaules.

ANTOINE, *sarcastique*.

C'est qu'il faut vous nourrir, mon garçon. Et vous fumez beaucoup.

CHARLOTTE

Antoine plaisante. Vous avez un revenu qui vous permet de vivre largement. Pas luxueusement, mais convenablement.

ANTOINE

D'ailleurs Charlotte vous adore et je suis sûr qu'au besoin, elle vendrait un de ses bijoux pour vous.

LÉOPOLD

Vous savez, je voulais vous dire : Celie a été si gentille avec moi, quand j'étais malade, je lui ai promis quelque chose.

CHARLOTTE

Quoi ?

LÉOPOLD

Une maison. Elle habitait une maison au faubourg, étant jeune, avant de commencer à travailler et d'épouser cet alcoolique qui l'a quittée pour une autre femme et qui...

CHARLOTTE

Mon cher, j'ignore tout de la vie de Celie.

LÉOPOLD

Une vie ! ce n'était pas une vie. C'était une résignation, plutôt une peur quotidienne. De la maladie, de la vieillesse, de la pauvreté...

ANTOINE

Ne pleurez pas.

LÉOPOLD

Je pourrais... Enfin, je lui ai promis cette maison. Elle vaut cinq cent mille francs.

CHARLOTTE

Vous ne pouvez pas. Dites-moi, mon petit, seriez-vous communiste par hasard. Une extravagance de cinq cent mille francs est au-dessus de vos moyens.

LÉOPOLD

Mais je...

CHARLOTTE, *en colère*.

Mais quoi ? Voulez-vous vérifier les comptes ? Croyez-vous que je vous vole ? M'avez-vous accordé la gestion entière de vos affaires ou pas ?

LÉOPOLD, *atterré*.

Mais je vous jure... vous le savez, pour

rien au monde je ne voulais vous blesser.
Je suis maladroit, je vous l'ai dit.

ANTOINE

Oui, oui et vous n'avez pas de ressort.

Charlotte et lui se mettent à rire.

LÉOPOLD

Vraiment, Madame, pardon Charlotte, il
n'y aurait pas un moyen en empruntant à
je ne sais pas qui de...

CHARLOTTE, *sèche.*

Non.

Elle le regarde curieusement.

LÉOPOLD, *résigné.*

Bon. Eh bien je vais travailler.

CHARLOTTE

Travailler ?

LÉOPOLD

Oui, je suis un très bon ébéniste, pa-
raît-il. C'est un métier très rare mais je l'ai
beaucoup pratiqué à Nantes. On a toujours
besoin d'un ébéniste, disait mon patron. On
va voir.

Il se dirige vers la porte.

CHARLOTTE

Léopold... Où comptez-vous pratiquer votre noble métier ?

LÉOPOLD

Mais à Poitiers. Cinquante mille francs par mois, ça fait dix mois. Comme je peux habiter ici, puisque vous me l'avez dit, je paierai la maison de Celie d'ici un an.

ANTOINE

Et que dira-t-on à Poitiers ?

LÉOPOLD

Mais rien. Si je n'ai pas d'argent, je peux bien travailler, il n'y a aucun mal...

Charlotte et Antoine se regardent.

CHARLOTTE

Je vais m'arranger, Léopold. Nous vendrons quelques vaches.

LÉOPOLD, *à la fenêtre.*

C'est très bien. Je suis désolé de vous importuner mais, là, vraiment, j'avais promis.

CHARLOTTE

Soyez gentil, Léopold. Avant de promettre quoi que ce soit, venez me consulter. Vous serez ruiné en deux mois, à ce train-là.

LÉOPOLD

Comment voulez-vous que je me ruine. Je n'ai pas d'argent.

CHARLOTTE

Trois cents millions.

LÉOPOLD

Je n'ai pas le sentiment de les avoir, c'est comme si je ne les avais pas.

ANTOINE

Il y a du vrai dans ce qu'il dit là.

Il rit.

LÉOPOLD

Que se passe-t-il en bas, sur la place ? Il y a des musiciens et des gens sur des chaises de fer. Un concert ?

CHARLOTTE

Oui. La saison des concerts publics commence. Tous les ans ils jouent les mêmes airs.

LÉOPOLD

Lesquels ?

CHARLOTTE

Mais je ne sais pas. Moi vous savez, la musique. Du Strauss et encore.

LÉOPOLD

Vous aimez Strauss ? Vous aimez la valse ? Vous valserez avec moi un jour ? Je n'aime que ça. A Nantes il y avait une fille qui valsait à la perfection, mais elle ne dansait pas avec moi, jamais. C'était dommage.

CHARLOTTE

Pourquoi ? Elle ne voulait pas ou vous manquiez de votre ressort pour l'inviter ?

LÉOPOLD

Elle ne voulait pas. Je crois qu'elle me trouvait ennuyeux.

ANTOINE, *faussement indigné.*

Ennuyeux ?

LÉOPOLD

Oui. Je crois que je le suis vraiment d'ailleurs. Je dois l'être puisque je ne sais pas distinguer les gens ennuyeux des autres.

CHARLOTTE

Vous ne vous ennuyez jamais ?

LÉOPOLD

Si, parfois un peu, quand je suis seul.

CHARLOTTE

Et à part cette jeune fille valseuse, vous n'avez pas laissé d'amis à Nantes ? Vous n'écrivez pas, vous ne téléphonez pas, c'est bizarre.

LÉOPOLD, *vague*.

Oh si, je crois qu'il y avait quelques personnes qui m'aimaient bien, à Nantes. Mais vous savez, j'aime beaucoup voir les gens, mais dès qu'on s'en va... On les sent si soucieux, si impliqués dans leur vie que... Bref, je me rends compte que mon absence n'a pas beaucoup d'importance.

> *On entend les violons qui s'accordent en bas.*

LÉOPOLD

Que c'est agréable. On entend la musique, personne ne vous voit. On peut rester des heures dans son fauteuil, avec tous ces violons en bas...

CHARLOTTE

Il y a aussi un cornet à pistons, je ne

vous dis que ça. Ah ! décidément, Antoine,
ton cigare empeste. Eteins-le donc.

ANTOINE

Un Partagas ? tu plaisantes.

> *D'un geste, Léopold lui arrache son
> cigare de la bouche et le jette par la
> fenêtre.*

ANTOINE, *debout*.

Dites donc, mais vous êtes fou ! Je vais
vous apprendre à être poli, moi, petit crétin.

LÉOPOLD, *rouge*.

Excusez-moi. Je... j'ai cru... si vraiment
votre cigare gênait cette femme...

CHARLOTTE, *ébahie*.

Cette femme ?

LÉOPOLD

Charlotte, veux-je dire. Il n'y a pas de
raison que vous lui imposiez cette fumée.
Personnellement, remarquez, j'adore cette
odeur et je n'ai rien contre vous et si je
vous ai blessé, je m'en excuse mille fois.

ANTOINE, *décontenancé*.

Allons bon. J'en ai assez, moi. (*Il va à
la porte et se retourne.*) Méfie-toi, Char-

lotte, les violons parfois font des ravages.

Il sort en claquant la porte.

LÉOPOLD, *désolé.*

Mon Dieu, je l'ai blessé. Je vous jure que je ne voulais pas insulter votre cousin. Un geste maladroit...

CHARLOTTE

Un peu trop de ressort. (*Elle rit.*) C'est très bien, mon petit Léopold, vous êtes chevaleresque. D'ailleurs Antoine m'agace en ce moment. N'empêche, vous m'avez surprise.

LÉOPOLD

Vous ne pensez pas que je doive aller m'excuser ?

CHARLOTTE, *agacée.*

Vous l'avez fait dix fois. Cessez de vous excuser sans arrêt, vous êtes un homme.

LÉOPOLD

Un homme ne doit pas trop s'excuser, n'est-ce pas ?

CHARLOTTE

Mais... Oh je ne sais pas, moi. En tout cas, soyez gentil, laissez-moi finir ces comptes.

LÉOPOLD, *soumis.*

Bien sûr. N'oubliez pas pour les vaches.

CHARLOTTE

Quelle vaches ?

LÉOPOLD

Celie, la maison du faubourg.

CHARLOTTE

Ah !... ce que vous êtes têtu, vous. Oui, je vends vos vaches, comme je mouds votre blé et finance votre caoutchouc. Vous êtes content ?

Elle rit et il rit avec elle.

LÉOPOLD

Très content. Très, très content.

Il s'assied dans un fauteuil et la regarde fixement. Elle consulte ses papiers. La musique commence dehors. Au bout d'un moment elle relève la tête.

CHARLOTTE

Qu'est-ce que vous regardez ?

LÉOPOLD

Votre visage.

CHARLOTTE

Il vous plaît ?

LÉOPOLD

Oui. Je le trouve très beau. Très vivant.
Il va bien avec la musique.

CHARLOTTE

Ma tête va bien avec les violons, tant
mieux. Arrêtez de me fixer, quand même,
ça me gêne.

LÉOPOLD

Excusez-moi.

CHARLOTTE

Et cessez de vous excuser.

*Silence. Léopold regarde ses pieds,
ses mains, le plafond d'un air mélan-
colique. Charlotte lève les yeux, éclate
de rire.*

CHARLOTTE

Quel âge avez-vous ? douze ans ?

LÉOPOLD

Je ne les ai plus, je le regrette bien.

CHARLOTTE

Pourquoi ?

LÉOPOLD

On ne me demandait rien.

CHARLOTTE, *ironique.*

Et qu'est-ce qu'on vous demande maintenant ?

LÉOPOLD

On me demande de faire des choses, d'avoir un métier, d'être amoureux, d'avoir des idées, de lire les journaux, de...

CHARLOTTE

On ne vous demande rien de pareil, ici.

LÉOPOLD

Je sais. C'est pourquoi je me sens si heureux.

CHARLOTTE

Vous êtes heureux en plus ? Ici, entre Antoine, Augusta et moi ? Ce climat vous est sympathique ?

LÉOPOLD

Mais très, oui. Pourquoi ?

Elle hausse les épaules sans répondre. Il chantonne. Elle le regarde.

CHARLOTTE, *sèche.*

Léopold, cessez de chantonner. Et passez-moi une cigarette. Non, je déteste les briquets. Allez chercher les allumettes à la cuisine.

Il s'exécute avec entrain, sort et revient en courant.

CHARLOTTE

Avez-vous rangé votre chambre ? Celie est vieille, non, pour faire un lit ? Ou frotter un parquet. Vous devriez le faire.

LÉOPOLD, *décontenancé.*

Bien sûr, oui. Je vais y aller.

CHARLOTTE

Et ne mettez pas votre costume pour ça. Ça l'abîmerait. Il y a un tablier à la cuisine. On ne peut pas vous acheter des costumes tous les mois.

LÉOPOLD

Bon, bon. Je... Vous pensez que je doive y aller maintenant ? La musique est si jolie...

CHARLOTTE

Ouvrez votre fenêtre, vous l'entendrez aussi bien.

Il sort. Elle reste immobile, un moment, puis se lève et va à la fenêtre qu'elle ferme doucement.

SCÈNE III

Même décor. Le soir. Charlotte et Augusta sont en robe du soir. Vinclair et Antoine en smoking. Ils boivent du scotch au coin du feu.

ANTOINE

Excellente idée de s'habiller un peu. Que dites-vous de cette émeraude, Augusta ? Je l'ai rapportée cet après-midi pour Charlotte, elle vient de chez Boucheron. J'ai toujours été généreux. (*Vinclair se met à rire.*) Vous riez, Vinclair ? Vous avez tort. D'une part, vous n'avez pas l'habitude du smoking, ça se voit, et le fait qu'il soit flambant neuf n'arrange rien. Votre rictus au-dessus est franchement disgracieux. D'autre part, si je suis généreux avec l'argent de feu votre cousin, je ne l'ai pas volé. Cinq ans, c'est long.

VINCLAIR

Qu'est-ce qu'il a, mon smoking ? Je n'ai pas l'habitude des boîtes de nuit, moi, c'est vrai. J'ai un métier, moi.

ANTOINE

C'est vrai... votre métier. Et H. E. C. Et votre bonne conscience légèrement assouplie par quelques petits cadeaux de Charlotte récemment.

VINCLAIR

Je vous défends...

AUGUSTA

Je vous défends de vous battre. Et puis, ce n'est pas une boîte nuit ici, Vinclair. C'est une maison honorable. Une des plus vieilles maisons de Poitiers.

ANTOINE

On vient de passer quinze jours à Paris, pour revenir ici. S'occuper des affaires. C'est gai.

AUGUSTA

Vous le faites fort bien. Tout le monde dit que...

ANTOINE

Charlotte est très douée. Que fait l'innocent ? Il travaille ?

CHARLOTTE, *entre.*

Je l'ai envoyé travailler à la métairie des
Saules aujourd'hui. En rentrant, il a aidé
Celie à faire les vitres.

VINCLAIR

Vous ne pensez pas que vous exagérez
un peu ?...

ANTOINE

Pourquoi ? Que sait-il faire d'autre que
laver les vitres ? Il n'a pas fait H. E. C., lui,
vous savez.

VINCLAIR

Antoine, cela suffit. Vos licences d'oisif
ne vous autorisent pas...

CHARLOTTE

Ah non, la barbe. Trouvez autre chose.
        Rentre Léopold, en veste de velours.
    Il sourit timidement.

CHARLOTTE

Léopold, vous n'êtes pas couché ?

LÉOPOLD

Euh... non pas encore. Je ne vous dérange pas ?

ANTOINE

Comme d'habitude.

LÉOPOLD

Je... A vrai dire, j'avais envie de parler un peu.

CHARLOTTE

Tiens, tiens. C'est extravagant, ça. Eh bien asseyez-vous, Léopold et parlez. Tenez, buvez quelque chose.

LÉOPOLD

Je n'ai pas l'habitude de l'alcool.

CHARLOTTE

Justement. Vous aurez plus de ressort. Si, buvez, j'y tiens.

Il boit d'un trait.

LÉOPOLD

C'est très bon.

Un temps, ils le regardent.

CHARLOTTE

Alors, vous parlez ? Dieu je m'ennuie !

LÉOPOLD

Parler... De quoi ?

CHARLOTTE

Mais je ne sais pas, moi. De votre journée. Intéressante ?

LÉOPOLD

Il a fait très beau. On rentrait les foins aux Saules. Il y a toujours une odeur extraordinaire dans ces cas-là. Le fils Brunet a trouvé un nid d'oiseaux, dedans. Il les a installés dans un autre arbre avec moi.

ANTOINE

Je me sens en pleine comtesse de Ségur.

CHARLOTTE

Et puis ?

LÉOPOLD

Et puis je suis rentré à pied, j'ai rencontré Vauxier et on a parlé.

AUGUSTA

A Vauxier ? Le clochard ? Il est toujours saoul.

LÉOPOLD

Je ne sais pas. Oui, peut-être.

CHARLOTTE, *ironique*.

Et sur quoi roulait la conversation ?

LÉOPOLD

Oh, eh bien... il m'a parlé de lui. Il croit en Dieu. Alors on a discuté.

ANTOINE

Parler théologie à Vauxier... enfin ! Vous ne croyez pas en Dieu, Léopold ?

LÉOPOLD

J'y croyais. Et puis j'ai été, enfin j'ai fait la guerre, vous savez. Alors, j'ai vu des choses impossibles. Tant qu'on croit en l'homme, vous savez, on peut croire en Dieu, mais si on n'y croit plus... si on voit une bête à sa place occupée à en faire souffrir d'autres...

ANTOINE

Vous ne croyez plus en l'homme ?

LÉOPOLD

Je les aime bien mais je n'ai plus confiance, non. Pas pour moi, je ne risque rien, mais...

CHARLOTTE

Pourquoi ne risquez-vous rien ?

LÉOPOLD

Parce que.

CHARLOTTE

Vous pouvez être trompé, trahi, volé, ridiculisé...

LÉOPOLD

Mais non...

CHARLOTTE, *en colère.*

Pourquoi ? Hein, pourquoi ?

LÉOPOLD, *doucement.*

Parce que je ne demande rien.

CHARLOTTE, *criant.*

Vous allez être servi !

ANTOINE

Charlotte !

CHARLOTTE

Il me met en colère. Tenez, Léopold, buvez ceci et parlez-nous de Dieu, encore.

LÉOPOLD

Je ne comprends pas pourquoi je vous ai mise en colère.

CHARLOTTE

Ça n'a pas d'importance, ne vous excusez pas et buvez. Buvez.

Il la regarde et boit.

ANTOINE

Dites-moi, Léopold, en dehors de Dieu ?
Les femmes ? Vous connaissez les femmes ?

LÉOPOLD

Je... très mal.

ANTOINE

Vous êtes vierge ?

LÉOPOLD

Non. Je...

ANTOINE

Beaucoup d'aventures ?

LÉOPOLD

Non, simplement quelques-unes.

ANTOINE

Racontez-nous la première.

CHARLOTTE

Il a dû être violé.

LÉOPOLD

Ça ne me semble pas si intéressant. J'ai
la tête qui tourne un peu et je crois...

Il se lève.

CHARLOTTE

Asseyez-vous, racontez. Vous ne voyez
pas que je m'ennuie ?

LÉOPOLD, *doucement.*

Si.

Un temps. Antoine se détourne.

CHARLOTTE, *sèche.*

Alors ?

LÉOPOLD

J'avais seize ans, je crois. C'était une femme plus âgée, très douce. Elle habitait Nantes, sur la promenade. J'avais porté un meuble chez elle, j'étais ébéniste...

ANTOINE

On sait, on sait.

LÉOPOLD

Elle avait des yeux obliques, très beaux. Elle s'ennuyait beaucoup, je crois. On a été prendre une bière, au café en face. Elle voulait que je lui parle, tout le temps. Elle disait...

Il s'arrête.

CHARLOTTE

Qu'est-ce qu'elle disait ?

LÉOPOLD

Elle disait qu'elle adorait la manière dont je parlais, c'est idiot, je...

ANTOINE

Ça en fait toujours une.

LÉOPOLD

On a marché des heures, ensuite, et puis
on s'est revu le lendemain. On a été à la
campagne. Il y avait un champ, complètement doré, très confortable plein de fleurs
et de bêtes... c'était très beau. Nantes est
une ville triste, vous savez.

ANTOINE

Et alors ?

LÉOPOLD

On s'est allongé dans le champ et j'ai eu
très envie d'elle. Je lui ai demandé si elle
voulait bien que je l'embrasse, elle a dit
« oui ». Après elle m'a dit qu'elle m'aimait.

ANTOINE

Ce n'est pas un récit palpitant. Et vous,
vous l'aimiez ?

LÉOPOLD

Non. Enfin je l'aimais beaucoup et j'étais
très heureux de... enfin de faire l'amour
avec elle.

CHARLOTTE

Et depuis que vous êtes ici ? Les femmes ?

LÉOPOLD

Je n'ai pas eu le temps, vous savez.

CHARLOTTE

Ça vous manque ?

LÉOPOLD

De temps en temps, oui.

CHARLOTTE

Eh bien, faites-moi la cour. Je ne vous plais pas ?

ANTOINE

Charlotte, tu as trop bu.

LÉOPOLD

Vous me plaisez beaucoup et vous le savez, je vous l'ai dit. J'aimerais tellement... Vous accepteriez ?

AUGUSTA

Mais c'est incroyable. Qu'est-ce qu'on entend ?

CHARLOTTE

Il faut conquérir les femmes, vous ne le

savez pas ? Il faut être spirituel, habile, empressé, audacieux. Essayez.

LÉOPOLD

Je ne suis pas spirituel.

ANTOINE

Ça aussi, on le sait.

LÉOPOLD

Je ne suis pas habile. Ni audacieux.

CHARLOTTE

Faites-moi des compliments. On verra. Alors ?

LÉOPOLD

Devant eux ?

CHARLOTTE

Naturellement devant eux. C'est là l'amusant.

LÉOPOLD

Je vous trouve spirituelle, habile et audacieuse. Je vous trouve dure et souvent méchante. Je vous trouve folle.

CHARLOTTE

Folle, moi, c'est le comble !

LÉOPOLD

Vous êtes folle parce que vous vous inté-

ressez à des drôles de choses. Vous n'aimez
pas Antoine, vous n'aimez pas Augusta et
vous vivez avec eux. Vous avez trop de
bijoux aussi ce soir. Vous êtes plus belle
avec la peau nue.

CHARLOTTE

Vraiment ? Tenez, les voici, je vous les
prête.

Elle lui donne ses bijoux, un à un.

LÉOPOLD

Le feu vous va bien, asseyez-vous près
de la cheminée. Ne souriez pas. Le sou-
rire ne vous va pas. Regardez-moi.

ANTOINE, *sec.*

Ça suffit.

LÉOPOLD

Dites-leur de sortir à présent.

CHARLOTTE

Sortez. Si, sors Antoine, je veux voir
comment un innocent séduit les femmes.

ANTOINE

Je... (*Il se maîtrise.*) Tes caprices sont
des ordres.

CHARLOTTE, *lentement.*

J'aime que tu t'en souviennes. Sortez.

Léopold reste debout à la regarder.

CHARLOTTE

Et alors ?

LÉOPOLD, *triste.*

Rien. Je crains d'avoir blessé vos amis,
Madame, par bêtise. Je n'ai pas l'habitude
de boire. Et j'ai cru un instant que vous
vouliez vraiment de moi.

CHARLOTTE, *doucement.*

Léopold, je peux avoir envie de vous,
aussi, comme d'un animal. Vous me comprenez ?

LÉOPOLD

Oui.

CHARLOTTE

Je ne m'intéresse pas à vous, je vous
trouve inepte et niais et lâche. Vous me
comprenez ?

LÉOPOLD

Oui.

CHARLOTTE

Vouloir de vous ? Quelle expression pour

un homme. Antoine vous le dirait, je ne
veux personne. Je n'aime que les bijoux.
Regardez-les, ne sont-ils pas beaux ? Ils
brillent, ils étincellent.

LÉOPOLD, *les soupesant.*

C'est très joli mais ce n'est pas grand.

CHARLOTTE, *piquée.*

Dans le genre, si. (*Un temps.*) Je n'ai
jamais connu un homme dont l'esprit soit
aussi étincelant qu'un beau rubis. En
revanche, j'en ai connu d'aussi durs. Ren-
dez-les-moi. Tout de suite. (*Il ne bouge
pas.*) Allez-vous me les rendre ? Qu'est-ce
qui vous prend ? Vous n'obéissez plus ?
Ah mais c'est très mal, mon petit Léopold.
Je déteste ça.

LÉOPOLD

Que feriez-vous si je les jetais par la
fenêtre ?

CHARLOTTE

J'irais les chercher, et en courant, je vous
assure. C'est mon passé que vous tenez
entre les mains, mon petit, et mon avenir
par-dessus le marché.

Un temps. Elle le regarde.

CHARLOTTE, *douce.*

Ça vous paraît peu ? n'est-ce pas ?

LÉOPOLD

Ça me paraît bien peu, oui. Vous devriez avoir des lits et des baignoires pleins de diamants, si vous aimez ça.

CHARLOTTE

Vous êtes bien aimable. Mais je ne parlais pas de la quantité.

LÉOPOLD

Alors, ils me semblent bien froids comme vous disiez et... non, vous devriez aimer des choses chaudes, tendres, des fourrures par exemple.

CHARLOTTE

Les fourrures s'usent et en même temps que soi, c'est déprimant. Venez ici. Remettez-moi mes bijoux, le bracelet d'abord. (*Il obéit.*) Vous n'êtes pas adroit. La bague. (*Il est très près d'elle et l'embrasse doucement.*) Vous n'êtes pas si maladroit. Mais je vous trouve suffisant pour une nuit. Antoine n'est pas bien brillant, ces temps-ci. Je crois que vous pourrez m'être utile. Vous m'entendez bien : utile.

LÉOPOLD

Utile.

CHARLOTTE

Eteignez la lumière. Venez ici, Léopold.
Embrassez-moi.

Il l'embrasse.

CHARLOTTE

Que dites-vous ?

LÉOPOLD, *très bas.*

Que je suis heureux.

Rideau.

ACTE II

SCÈNE I

En scène Charlotte. Elle lit le journal en robe de chambre. Entre Antoine.

ANTOINE

Oh ! Déjà levée ? Alors ?

CHARLOTTE

Alors quoi, Antoine ?

ANTOINE

Ta nuit d'amour avec l'idiot ? bien passée.

CHARLOTTE

Très bien, merci. Il remplace par la vigueur son manque de technique. Ton contraire, en somme.

ANTOINE

C'est de son âge.

CHARLOTTE

Je ne te demande pas d'excuses.

ANTOINE

Je ne t'en présente pas.

Un temps.

ANTOINE

Ah, ah, nous disputerions-nous ?

CHARLOTTE

Mais non. Nous n'en sommes même plus capables, tu le sais bien. A force de silences complices, de compromis, de « d'accord »... On perd aussi bien les gens à force de les comprendre qu'à force de ne pas le faire.

ANTOINE

Tu es bien philosophe. C'est l'idiot sans doute... Non, je le flatte. Ce nom évoque Dostoïevsky. Il me ferait plutôt penser au Pauvre Blaise.

CHARLOTTE, *distraite.*

Il dort bien.

ANTOINE

Tu veux dire ?

CHARLOTTE

Il dort bien. Il dort délivré.

ANTOINE, *sarcastique*.

Délivré ? mais de quoi, Seigneur ? De même que le « Tout-Poitiers » d'Augusta me semble bien exagéré, de même les obsessions possibles de Léopold... Il dort délivré. Il vit abruti et il dort délivré... De sa sève de jeune homme peut-être.

CHARLOTTE

Non. Mieux.

ANTOINE

C'est la première fois que je te vois t'extasier sur le sommeil d'un homme. En général tu loues plutôt ses... disons ses veilles.

CHARLOTTE

Il dort comme un perdreau. Il m'a émue, Antoine, une fois endormi, au lieu de m'encombrer. Il est aussi peu encombrant d'ailleurs endormi qu'éveillé : il prend peu de place. Il respire doucement, il ne bouge pas.

ANTOINE

Ce garçon m'énerve.

CHARLOTTE

Ça se voit. Maîtrise-toi, Antoine. Tu n'as plus l'âge des violences.

ANTOINE

Je n'aime pas les mélanges. On ne peut à la fois escroquer quelqu'un et lui caresser les cheveux.

CHARLOTTE

Ah non ? Et qu'avons-nous fait d'autre depuis vingt ans ? Quelle est cette morale subite ? Tu veux me faire rire ?

ANTOINE

Non. Ces temps-ci, ton rire charmant me met de mauvaise humeur.

CHARLOTTE

Je sais. Je sais aussi que tu aimes mieux tes aises que tes humeurs. Donc...

ANTOINE

Donc je reste. C'est vrai. Ne suis-je pas admirable d'ailleurs ? Tu ne trouves pas admirable qu'un homme préfère ses cigares à sa vanité ? Quelle leçon d'humilité pour tous les crétins qui tuent leur femme infidèle, se suicident pour un échec professionnel, ennuient tout le monde, quoi. Moi, non. Antoine n'est pas un danger public, Antoine aime ses cigares.

CHARLOTTE

C'est effectivement un de tes bons côtés.

ANTOINE

A propos, que mangeons-nous pour dé-
jeuner ? La cuisine se relâche. Et ton nou-
vel amant sera-t-il à table du fait de sa
promotion nocturne, ou à l'office comme
d'habitude ?

CHARLOTTE

Mais à l'office, voyons. Je sais vivre.

Entre Léopold.

LÉOPOLD

Charlotte... vous allez bien ?

ANTOINE

Elle en a vu d'autres, vous savez.

LÉOPOLD

J'ai eu peur que vous ne preniez froid,
cette nuit. Vous grelottiez en dormant, je
vous ai rebordé dix fois.

ANTOINE

C'est de bon goût, jeune homme, vos
souvenirs.

LÉOPOLD, *le voyant enfin.*

Excusez-moi.

CHARLOTTE, *sèche.*

Ne vous excusez pas. Pourquoi faites-vous cette tête réjouie ? (*Il lui sourit.*) Allez au diable.

Elle rit.

ANTOINE

Je ne vous dérange pas ?

LÉOPOLD

Mais non. Voyons, vous savez bien que...

ANTOINE

Ah ! ça suffit, vous. Que vous ne compreniez pas l'ironie est une chose, mais que vous essayiez d'en faire, c'est trop.

LÉOPOLD, *surpris.*

Je ne fais pas d'ironie. Je suis bien trop content.

ANTOINE

Bon, eh bien ne bêlez pas pour ça. Vous manquez un peu de tact aussi, mon petit Casanova. Vous ne devriez pas ignorer qu'entre Charlotte et moi, il y a d'autres liens que ceux du cousinage.

LÉOPOLD

Je sais oui... (*Les autres se regardent.*) Mais je pensais que...

CHARLOTTE

... Que pensiez-vous ?

LÉOPOLD

Mon Dieu, que puisque mon oncle et vous... enfin... (*Il rougit*) ... que ce n'était pas très important pour Antoine.

CHARLOTTE

Eh bien... réponds Antoine.

ANTOINE

En effet, je me fiche que Charlotte ait des amants. En revanche, j'aime qu'elle les choisisse convenablement.

CHARLOTTE

Qu'entends-tu par convenables ?

ANTOINE

Profitables. Je n'aime pas que tu te sacrifies pour quelque chose que tu as déjà.

LÉOPOLD

Je peux peut-être aider aussi Charlotte.

ANTOINE

Ah ? et en quoi ?

LÉOPOLD

Je ne sais pas... à être plus contente.

ANTOINE

Le contentement, mon petit ami, pour

Charlotte en tout cas, n'a rien à voir avec les fleurs des champs, les délires poétiques et les arrêts de pensée qui semblent votre lot. Charlotte aime les bijoux, les boîtes de nuit, les voyages, de temps en temps les jeunes gens et toujours le fric.

LÉOPOLD

Eh bien je serai de temps en temps les jeunes gens.

ANTOINE

Vous n'aspirez pas à un rôle plus important ?

LÉOPOLD

Mais non.

ANTOINE

Ça n'est pas très flatteur pour elle. En somme vous désirez simplement partager son lit de temps en temps. C'est tout ce que vous trouvez à demander à une femme ?

LÉOPOLD

Mais... j'habite ici, je la vois sans cesse, je suis très heureux.

ANTOINE, *à Charlotte.*

Mais il est complètement amoral, celui-là !

CHARLOTTE

Indigne-toi. Ça te va bien ! Léopold, c'est l'heure d'aller travailler pour vous. Vous perdez du temps. Vous allez vous dépêcher, oui !

Léopold sort précipitamment.

ANTOINE

C'est un fou.

CHARLOTTE

Ta crise de sentimentalité...

ANTOINE

Il ne s'agit pas de ça. Il s'agit qu'il n'en a aucun ! Aucun sentiment. C'est dangereux. Rappelle-toi quand je t'ai connue, je ne dis pas que nous étions spécialement romanesques. Mais... Bon Dieu je tenais à toi.

CHARLOTTE

Mais de quelle manière... Et où cela nous a-t-il menés ?

ANTOINE

A mener une drôle de vie, je te l'accorde. Mais ensemble. En se détestant souvent, en se méprisant, je te l'accorde aussi.

CHARLOTTE

Tu ne crois pas que des sentiments si mélangés ne sont pas si louables ?

ANTOINE

Je crois que... (*Il s'arrête.*) Ma chère Charlotte, je crois que nous nous égarons. Nous pillons ce garçon, tu te l'es offert en plus, c'est tout.

CHARLOTTE

Alors, pourquoi t'énerves-tu tellement ?

ANTOINE, *doucement.*

Parce qu'il m'énerve. Il fait plus que m'énerver.

CHARLOTTE, *même ton.*

Moi aussi.

> *Entre Augusta. Elle embrasse Charlotte et Antoine.*

AUGUSTA

Que se passe-t-il ? J'ai rencontré en bas l'ivrogne et puis Léopold, il m'a embrassée et... bonjour, Antoine.

ANTOINE

Bonjour, Augusta. Ne vous inquiétez pas. Il est content.

AUGUSTA, *vaguement ironique.*

De Charlotte ? Bonjour, Charlotte.

CHARLOTTE

Mais parfaitement. Il y a quelque chose qui vous déplaît dans ce nouveau couple, Augusta ? Dites-le.

AUGUSTA, *épouvantée.*

Mais non, voyons, Charlotte. Je, au contraire...

CHARLOTTE

Quoi, au contraire ?

AUGUSTA

Je suis très contente pour... pour lui.

CHARLOTTE

Parce qu'il a pour maîtresse une femme plus vieille que lui et qui le vole ?

AUGUSTA

Mais enfin... Charlotte, vous ne le volez pas exactement. Et puis votre âge !... vous n'avez pas d'âge.

CHARLOTTE

Je le vole et j'ai quarante-cinq ans. Je le fais travailler comme un domestique. Je me moque de lui avec Antoine et vous. Et vous vous félicitez pour lui !

AUGUSTA

Mais enfin, Charlotte, qu'est-ce qui vous prend ?

CHARLOTTE

Il y a que, par moments, j'en ai aussi assez du cynisme d'Antoine que de vos benoîteries à vous ou que des hypocrisies de Vinclair. Mais alors : assez !

ANTOINE

Il te faut peut-être les naïvetés de Léopold.

Charlotte hausse les épaules.

AUGUSTA

C'est drôle comme vous êtes nerveux tous les deux, ces temps-ci. Je le disais à madame Lecoudre hier soir.

ANTOINE, *sarcastique.*

Tiens, tiens, et qu'a répondu madame Lecoudre ? Que ce devait être le temps ?

CHARLOTTE

Augusta, je vous ai dit cent fois de ne pas parler de nous à l'extérieur.

AUGUSTA

Madame Lecoudre est une femme de confiance et...

CHARLOTTE

Justement.

AUGUSTA

Vous ne me laissez pas parler, Charlotte,
c'est pourtant très grave. J'ai rencontré
Vauxier en bas, je vous l'ai dit. Il m'a parlé.

CHARLOTTE

Quel intérêt ?

AUGUSTA

Il m'a parlé de Léopold. Il menace de
tout lui dire.

CHARLOTTE

Lui dire quoi ?

AUGUSTA

Mais la vérité ! Qu'on le gruge, qu'on
l'escroque, que tout l'argent lui appartient.
Il dit qu'il est le seul ami de Léopold dans
la ville, que Léopold ne parle qu'à lui. Ou
plutôt...

Elle ricane.

CHARLOTTE

Plutôt quoi ? Arrêtez de faire des
mystères, Augusta, le suspense vous va
comme vos chapeaux.

4

AUGUSTA, *piquée*.

Merci. Bref, Vauxier m'a dit que personne ne voulait parler à Léopold. On le trouve bizarre, il inquiète. Vauxier aussi d'ailleurs le trouve stupide mais Léopold lui offre à boire. Et comme Vauxier...

CHARLOTTE, *criant*.

Mais vous avez fini de vous embrouiller. Que veut Vauxier ? Qu'est-ce que ça peut lui faire, que Léopold soit grugé puisqu'il le méprise, puisqu'il le trouve idiot et stupide et misérable ?

AUGUSTA, *épouvantée*.

Il veut de l'argent. Pour se taire. Il attend en bas. Il vaudrait peut-être mieux...

CHARLOTTE

Allez lui dire de s'en aller, qu'il ne mette plus les pieds ici, que je ne veux plus le voir. Vous m'entendez ?

Augusta sort, affolée.

ANTOINE

Quelle colère ! Evidemment, que ton dernier amant soit la risée de la ville n'a rien de réjouissant, mais de là à vociférer de la sorte !

CHARLOTTE, *douce*.

Je pensais seulement que le seul homme à qui il puisse parler se moque de lui.

ANTOINE

On peut tout demander aux ivrognes, ma chère, mais jusqu'à une certaine limite. Les discours de Léopold...

CHARLOTTE

Tais-toi.

ANTOINE

En attendant, Vauxier va tout lui dire. Tu te rends compte ?

CHARLOTTE, *à la fenêtre*.

Oui. Il est d'ailleurs en train de le faire. Ils sont sur la place. Viens voir.

ANTOINE, *près d'elle*.

Il va demander des comptes, peut-être. Nous casser les pieds. Fini, la poule aux œufs d'or.

CHARLOTTE

Peut-être, oui.

ANTOINE

Dieu merci, il y a les bijoux. Ma chère Charlotte, puisque tu as si bien réussi cette nuit, avec ce malheureux, ne penses-tu pas...

CHARLOTTE

Quoi ? (*Un silence.*) Mais oui, Antoine, bien sûr.

Un temps.

ANTOINE

Pourquoi n'as-tu pas retenu Vauxier ? Il ne t'aurait pas coûté cher.

CHARLOTTE

Et toi ?

ANTOINE

Tu sais bien que je ne me mêle jamais de nos affaires. Alors ?

CHARLOTTE

Pour voir.

Antoine marche de long en large.

ANTOINE, *brusquement.*

Quoi ? c'est pareil aux autres, non.

CHARLOTTE

Mais oui, mais oui.

ANTOINE

Tu as peur qu'il ne te batte en se sachant volé, ou tu as peur d'avoir honte ?

CHARLOTTE, *excédée.*

Honte ! et puis quoi ? Ne pourrais-je pas avoir peur d'autre chose ?

ANTOINE

De quoi ? Ecoute, Charlotte, en dehors du reste, nous sommes ensemble depuis quinze ans, nous sommes associés pour cette aventure sans imprévus que tu appelles la vie. Explique-toi. Je ne te cache rien...

CHARLOTTE

Tu n'as rien à cacher.

ANTOINE

Crois-moi, lui non plus.

CHARLOTTE

Tu ne comprends pas : il est bon. En écoutant parler Vauxier, en l'écoutant le ridiculiser, j'ai compris sa force. Il a cette bonté, ce flux énorme, cette puissance, Antoine. Il ne saurait rien faire contre qui que ce soit. Il sera bon pour Vauxier, pour toi, pour moi, pour Augusta, pour Celie. Il est peut-être bête, peut-être niais, mais il est bon. Et ce terme est plus lourd que tous les autres, bien qu'il soit ridiculisé, usé, abaissé. « Bon comme du bon pain, bonne bête. » Non seulement nous ne pouvons rien lui faire, mais il ne voudra rien nous faire.

ANTOINE

Tu es folle, ma chère, et exaltée. Je crois que ce garçon éveille chez toi une maternité qui sommeillait jusqu'ici, et Dieu merci à poings fermés.

CHARLOTTE

Ce n'est pas la maternité qu'il éveille chez moi, c'est l'enfance.

ANTOINE

Ce n'est pas de ton âge.

CHARLOTTE

Je le sais bien, mon cher. C'est pourquoi je le lui ferai payer cher.

ANTOINE

Encore plus cher ?

CHARLOTTE, *à la fenêtre.*

Va-t'en. Il revient.

Noir.

SCÈNE II

En scène Charlotte, seule. Entre Léopold.

CHARLOTTE

Alors vous ne travaillez pas ?

LÉOPOLD, *troublé.*

Je... non. Je suis rentré !...

CHARLOTTE

Alors, Léopold, vous ne m'embrassez pas ?

LÉOPOLD

Vous embrasser ?

CHARLOTTE

Mais oui. Je suis votre maîtresse, non ?

LÉOPOLD

Je pensais que vous vouliez l'oublier.

Il se jette sur elle et l'embrasse.

CHARLOTTE

Du calme.

Il l'embrasse.

CHARLOTTE

Tenez-vous tranquille. Vous avez vu Vauxier ?

LÉOPOLD, *gêné.*

Oui, oui. Je l'ai rencontré sur la place. Quelle jolie musique !

Il parle de dos, accoudé à la fenêtre.

CHARLOTTE

Et que vous a-t-il raconté ?

LÉOPOLD, *gêné.*

Des bêtises.

CHARLOTTE

Quelles bêtises ?

LÉOPOLD

Euh, enfin des choses vraies, quoi. Que j'avais droit à beaucoup d'argent, mais que c'était vous et Antoine qui le dépensiez, que j'étais un crétin, etc...

CHARLOTTE, *suffoquée.*

Et c'est vrai ?

LÉOPOLD

Eh bien oui, c'est vrai. Toutes ces histoires d'argent, si j'en voulais, il fallait m'en occuper. C'est vous qui l'avez fait à ma place et à votre profit, c'est bien naturel, il me semble.

CHARLOTTE

Et alors ?

LÉOPOLD

Je lui ai expliqué que j'aimais bien travailler aux champs, c'est très bon pour mon dos... oui, j'avais le dos un peu faible et ça me fait des muscles. Et puis que j'étais très bien ici, que vous étiez merveilleuse avec moi... Tiens, le piston a une grosse moustache, je me demande comment il fait.

CHARLOTTE

Mon cher Léopold, avant de vous expliquer la situation, je...

LÉOPOLD, *il se retourne brusquement.*

Vous n'avez rien à m'expliquer. J'ai pour vous la plus grande admiration. Je sais que mon oncle était quelqu'un de très... enfin de très lourd et que vous l'avez supporté si longtemps. Aucune fortune ne vaut ça.

CHARLOTTE

Bref, j'ai fait une mauvaise affaire.

LÉOPOLD, *navré.*

Je le crains. Mais j'essaierai de vous
rendre la vie un peu plus gaie. Et puis
vous irez acheter des bijoux, puisque vous
les aimez. En fait, d'ailleurs, ça vous va très
bien, mais je voulais voir votre peau nue...
euh excusez-moi.

CHARLOTTE

Et vous n'avez pas envie d'une voiture
de sport ? de Paris ? de ces plages dont on
nous rebat les oreilles ?

LÉOPOLD

Sincèrement... je ne sais pas conduire. Et
puis ici, je me sens chez moi, j'ai ma
chambre, je sais que vous êtes là, près du
feu, que... non, je suis vraiment très heureux.

CHARLOTTE

Je le savais.

Un temps, elle marche de long en
large, l'air accablé.

LÉOPOLD

Venez près de moi. (*Elle vient à la*

fenêtre, il lui met le bras autour des épaules.) Regardez... Cette place est très jolie avec ses platanes... Parfois on rêve de places comme ça, où on marche toute une nuit sans savoir pourquoi... Ils jouent bien, non ?

CHARLOTTE, *doucement.*

Comme des sourds.

LÉOPOLD

On devrait avoir de la musique ici, si on pouvait. L'hiver on ferait des feux, on mettrait des grosses bûches et des disques. On se coucherait très tard. On boirait de votre truc.

CHARLOTTE

Du whisky ? Bonne idée. Il m'en faut un. Sonne Celie.

LÉOPOLD, *continuant.*

Antoine lirait le journal, Augusta ferait des réflexions en tricotant, je vous regarderais.

Celie entre.

CHARLOTTE

Celie, un whisky !

CELIE

Bien, Madame !

CHARLOTTE

Ah !... vous pensez qu'Antoine se conten-
terait de lire le journal ? Vous croyez qu'il
vous aime peut-être, Antoine ?

LÉOPOLD

Il me supporterait.

CHARLOTTE

Vous ne connaissez pas Antoine. C'est
un sauvage avec ses airs blasés. Et s'il ne
vous supportait pas ? Vous partiriez de
votre maison en lui laissant *votre* argent et
votre caoutchouc ?

LÉOPOLD

Je... je serais très triste, bien sûr...

CHARLOTTE, *criant presque.*

Et moi ? vous m'emmèneriez à pied dans
vos vagabondages ? Ou vous me laisseriez
ici profiter de votre confort ?

LÉOPOLD

Mais comme vous voulez, bien sûr. Evidemment, pour une femme c'est fatigant
et vous seriez mieux ici. Mais je revien-
drais.

CHARLOTTE

Ah oui, je vois.

Rentre Celie.

CELIE

Madame.

CHARLOTTE

Merci, Celie.

LÉOPOLD, *distrait*.

Vous croyez que je déplais vraiment à Antoine ?

CHARLOTTE, *lasse*.

Mais non, mais non. Il vous tuera peut-être, c'est tout. Celie, priez monsieur Antoine de venir, s'il vous plaît.

LÉOPOLD

Il doit être jaloux, j'en ai peur. Il doit penser que je veux prendre sa place près de vous.

CHARLOTTE

Sans doute.

LÉOPOLD

Je veux lui dire que jamais je ne ferais une chose comme ça à quelqu'un. Je voudrais rester près de vous, passer euh... mes nuits avec vous, mais je sais qu'il y a longtemps qu'il vous aime et que... qu'il a des droits que je n'ai pas.

CHARLOTTE

C'est ce que nous allons voir. Asseyez-vous ici, Léopold. Prenez aussi un whisky.

LÉOPOLD

C'est le fauteuil d'Antoine.

CHARLOTTE

J'ai dit « asseyez-vous ». Voilà un verre. N'êtes-vous pas bien ? Il fait doux, la musique joue pour vous, votre verre est frais, votre fauteuil profond, votre maîtresse... attentionnée.

LÉOPOLD, *sincère.*

Je suis très bien.

CHARLOTTE

Prenez une cigarette. Non, ne bougez pas. Voici du feu. Vous aimez le cigare ? Non ? Vous l'aimerez.

Entre Antoine. Il s'immobilise sur le pas de la porte.

ANTOINE

Vous avez vu Vauxier, vous.

LÉOPOLD

Je... Charlotte m'a installé ici. Je vous rends la place...

CHARLOTTE

Ne bougez pas. Vauxier a en effet expliqué les choses à Léopold et bien que ce dernier ne semble pas disposé à en profiter, moi, j'ai décidé qu'il le ferait.

ANTOINE, *bas à Charlotte.*

Vas-tu m'expliquer...

CHARLOTTE, *sèche.*

Rien. J'ai décidé que Léopold pouvait s'asseoir n'importe où.

ANTOINE, *pincé.*

Bravo.

Il s'assoit ailleurs. Silence général, bercé par les flonflons extérieurs.

ANTOINE

Ce piston me casse les oreilles. Léopold, fermez la fenêtre.

CHARLOTTE

Léopold adore la musique. Et Léopold n'est pas là pour fermer les fenêtres. Léopold est là pour profiter de la vie.

LÉOPOLD

Je peux fermer la fenêtre.

Il se lève.

CHARLOTTE

Ne bougez pas.

Elle marche de long en large, les deux hommes la regardent.

ANTOINE

Personnellement j'aime mieux Bach. Et vous, Léopold ?

LÉOPOLD

Je ne connais pas.

ANTOINE

Ah, ah. Curieux. Vous buvez du whisky, Léopold ? Mais c'est la fête !

LÉOPOLD

Il est vrai que je me sens merveilleusement bien.

ANTOINE, *sarcastique.*

Vous ne voulez pas un cigare, en plus ?

LÉOPOLD

Je n'ai jamais essayé. Je peux ?

Il prend un cigare sur la table près de lui.

CHARLOTTE

J'espère que vous y prendrez goût.

ANTOINE

La fumée ne te dérange plus ? Dites donc, vous le massacrez mon cigare. Ce n'est pas une gauloise, mon petit.

LÉOPOLD

Je suis maladroit mais c'est le premier.

ANTOINE

Profitez-en, il risque d'être le dernier.

CHARLOTTE

Que veux-tu dire ?

ANTOINE, *debout.*

Que cette comédie m'exaspère. S'il veut son argent, filons. Sinon, qu'il reste à sa place.

CHARLOTTE

A l'office ? Mais non, Antoine, il ne veut pas son argent qui, il le reconnaît, m'appartient moralement pour toutes les faveurs dispensées à son oncle et dont il a pu apprécier, cette nuit, la saveur.

LÉOPOLD, *rouge.*

Je n'ai pas dit...

CHARLOTTE

Mais non. Mais il est normal que vous
le pensiez. Normal aussi que vous ayez une
bonne place chez vous et qu'Antoine, notre
invité à tous deux, en somme, soit aimable
avec vous.

ANTOINE

Tu exagères, Charlotte.

CHARLOTTE

Je te rachèterai ton cigare.

Antoine sort en claquant la porte.

LÉOPOLD

Que vous êtes cruelle.

CHARLOTTE

N'ayez pas cet air d'horreur. Ah, cette
musique m'agace à la fin.

Elle ferme bruyamment les fenêtres.

LÉOPOLD

Rien ne vous obligeait à lui dire cela.
Vous savez bien que j'aurais volontiers
fermé la fenêtre. Antoine est plus âgé que
moi et il est convenable...

CHARLOTTE

Il est convenable que je vive entre mon
jeune amant, mon vieil amant, ma belle-

sœur par la main gauche et un aigre-fin ?

LÉOPOLD

Que voulez-vous que...

CHARLOTTE

Je voudrais que cela vous gêne.

LÉOPOLD

Mais c'est vous-même qui...

CHARLOTTE

Moi-même... moi-même... qu'est-ce que
ça veut dire, moi-même ? Vingt-cinq ans
de manœuvres, de jour et de nuit. A force
de manœuvres, on...

LÉOPOLD

Oui ?

CHARLOTTE, *sèche.*

On se perd, voilà.

Léopold la prend dans ses bras.

LÉOPOLD

Mais enfin, Charlotte, je ne vous comprends pas. Je vous aime, Antoine vous
aime, vous êtes libre de nous quitter si vous
le voulez, vous êtes belle...

CHARLOTTE, *le coupant.*

... Parce que vous m'aimez ?

LÉOPOLD, *gai*.

Mais naturellement.

Un temps.

CHARLOTTE

Quelle réponse ! Il est vrai que vous aimez tout le monde. Ça doit occuper.

LÉOPOLD, *gai*.

Mais vous, en plus, j'ai envie de vous.

CHARLOTTE, *amère*.

Merci.

LÉOPOLD

Vous le savez, pour rien au monde, je ne voudrais vous blesser, vous faire du mal...

CHARLOTTE

C'est dommage.

LÉOPOLD

Dommage !

CHARLOTTE

Oui. C'est un bon symptôme.

LÉOPOLD

De quoi ?

CHARLOTTE

De quelque chose que vous ne connaîtrez jamais. N'ayez pas l'air consterné, mon petit, asseyez-vous. (*Elle lui caresse les cheveux*.) C'est passé. Ma crise est passée. Je serai gentille avec Antoine, gentille avec vous, gentille avec tout le monde. Buvez un peu. (*Elle le sert.*) Nous achèterons un beau pick-up. Nous écouterons des valses, l'hiver, puisque vous aimez ça, tous les trois au coin du feu. N'êtes-vous pas bien ?

LÉOPOLD, *les yeux fermés*.

Si, très bien. Qu'est-ce que je ne connaî-trai jamais ?

CHARLOTTE, *doucement*.

Un sentiment affreux, égoïste, démesuré. L'envie de posséder quelqu'un complète-ment, de l'empêcher de penser à autre chose qu'à vous, de respirer sans vous, une sorte de cannibalisme épouvantable quand vous le voyez, une impression de mourir s'il ne vient pas. La possibilité de faire n'importe quoi d'ignoble en son nom.

LÉOPOLD

J'espère bien ne pas le connaître.

CHARLOTTE, *distraite*.

En général on appelle ça l'amour, pour-tant. Viens.

Elle sonne Celie.

LÉOPOLD

Oui !

Celie entre.

CHARLOTTE

Celie, mettez de l'ordre dans le salon.
(*Elle sort.*) Ouvrez les fenêtres !

LÉOPOLD

Je croyais que la musique vous aga-
çait ?

CHARLOTTE

Mais non ! c'est pour l'odeur du cigare,
idiot ! Léopold !

LÉOPOLD, *il ouvre les fenêtres.*

Oui ! Je viens.

*Celie entre et passe l'aspirateur pen-
dant que le rideau tombe.*

Rideau.

SCÈNE III

Entre Celie, la veste de smoking à la main. Elle frappe à la porte de Léopold.

CELIE

Voilà, un petit coup de fer. Mets-la. Viens ! Viens ! (*Elle l'aide.*) Comment te trouves-tu ?

LÉOPOLD, *riant.*

Et vous ?

CELIE

Je te trouve très beau. Tourne-toi, marche maintenant. Que tu es beau !

Elle ferme les rideaux et sort. Charlotte entre.

LÉOPOLD

C'est vrai que c'est joli.

CHARLOTTE

Tu ne trouves pas agréable d'être beau ?

LÉOPOLD

Mais si. Vous coucheriez avec moi si vous ne me trouviez pas beau ?

CHARLOTTE

Non. Je te l'ai déjà dit. Je ne couche avec toi que pour ça.

LÉOPOLD

Alors je suis content d'être beau.

CHARLOTTE

Ça fera une surprise à Antoine. C'est affreux, le dîner est à huit heures et je ne suis même pas changée ! Dépêche-toi Léopold. Va m'acheter des cigarettes, je les oubliais. Tiens ! Non ! passe par le jardin !

Elle lui tend mille francs. Léopold sort. Charlotte passe la main sur son front. Entre Antoine.

ANTOINE

Bonjour.

Il l'embrasse mais elle se recule légèrement.

CHARLOTTE

Tu es déjà habillé ? Bon voyage ?

ANTOINE

Paris sera toujours Paris. J'ai ramené tes robes. Tu veux éblouir Poitiers.

CHARLOTTE

Bien sûr. Tu bois déjà ?

ANTOINE

J'ai soif ! Est-ce que Léopold m'a laissé quelques cigares ? Tiens, oui. Ça lui donne mal au cœur ?

CHARLOTTE

Ne te fais pas de soucis pour lui.

ANTOINE

Je ne m'en fais pas : je sais bien que s'il est malade, tu lui tiendras la tête au-dessus du lavabo.

CHARLOTTE

Tu reviens toujours plus spirituel de Paris.

Un temps.

ANTOINE

Ecoute, Charlotte. Je ne voulais pas commencer ainsi. Tu te rappelles l'appartement de San-Romain, rue d'Assas ?

CHARLOTTE, *distraite.*

Oui. Ravissant.

ANTOINE

J'ai rencontré San-Romain hier. Il me l'a offert. Pas de reprise et un bail. Au cœur de Paris.

CHARLOTTE

Tu veux quitter Poitiers ?

> *Un silence. Charlotte se mord les lèvres.*

ANTOINE

J'aimerais quitter Poitiers, oui, avec toi. (*Silence.*) Tu prendras quelqu'un pour les affaires ici. J'en ai parlé au notaire, c'est possible. Nous vivrons à Paris, sans grand luxe... mais enfin. Alors ?

CHARLOTTE

Tu n'aimes plus Poitiers ?

ANTOINE

Je n'ai jamais aimé Poitiers. Toi non plus.

CHARLOTTE

Moi si. J'adore la campagne, les rues de province et les concerts publics.

ANTOINE, *doucement.*

De quoi m'en veux-tu, Charlotte ?

CHARLOTTE

D'en être arrivée à mon âge et d'être comme ça.

ANTOINE

Nous avons bien ri ensemble, Charlotte. Et bien dansé. Et bien fait l'amour. Et bien voyagé.

CHARLOTTE

Et bien volé. Et bien menti.

ANTOINE

Tu deviens morale. Ça ne te ressemble pas.

CHARLOTTE

Je ne ressemble à rien.

ANTOINE

Si, ma vieille. Tu ressembles à une femme éprise. Et ridicule. Depuis un mois, depuis le premier cigare fumé par cet imbécile.

CHARLOTTE

Le nouveau poids et mesure d'Antoine Dupré : le cigare.

ANTOINE

Je vais te dire une chose, Charlotte. Nous avons été trop longtemps ensemble. En ce moment je te hais, oui, mais je ne pourrai pas vivre sans toi. Tu es ma complice. Depuis trop longtemps. Je vais bien attendre encore un peu mais tu vas te dépêcher d'en finir avec ces pleurnicheries, tu m'entends ?

CHARLOTTE

J'ai toujours dit que je ferais ce qu'il me plairait de faire.

ANTOINE

Tu avais vingt ans.

CHARLOTTE, *criant*.

Et alors !

ANTOINE

Rien. Je dois donner une réponse assez vite à San-Romain. Dépêche-toi. (*Un temps*.) Charlotte, c'est un cauchemar, je te le promets. Nous vivrons à Paris, nous verrons tous nos vieux amis ; tes bijoux brilleront ailleurs que dans cet affreux salon.

CHARLOTTE

Et pour qui ?

ANTOINE, *se maîtrisant*.

Pour moi par exemple.

CHARLOTTE

Mon pauvre Antoine.

ANTOINE, *hurlant*.

Je ne suis pas le pauvre Antoine. Je suis le séduisant Antoine, le drôle Antoine, le cultivé Antoine. Je ne suis pas un parent pauvre, ma chère Charlotte. J'ai ruiné deux femmes pour tes caprices, je t'ai emmenée partout avec moi, même en voyage de noces avec ma femme. J'ai escroqué des hommes d'affaires, j'ai même volé simplement un soir.

CHARLOTTE

Bon. Eh bien ? j'en ai fait autant.

ANTOINE

Toi, tu avais ça dans le sang.

CHARLOTTE

Bravo. Tandis que toi tu t'es forcé, sans doute ?... Tu te crois de jolis instincts ? Tu te rappelles cet homme que tu as à demi tué à Rome ? Sous prétexte qu'il t'avait volé ? Et tes violences continuelles ? La province t'a endormi, Dieu merci. Et Norma ? Quand tu l'as quittée, par exemple, tu étais obligé de prendre ses tableaux ? Je te les demandais ?

ANTOINE

Tu te fous de la peinture ! Et quand ce pauvre Victor a vendu son appartement et que tu lui as renvoyé ses bijoux dans un papier journal ?

CHARLOTTE

Au moins c'était élégant. Et puis ils étaient laids.

ANTOINE

Oui. Tu étais plus difficile à l'époque. Il ne te suffisait pas d'une fabrique de caoutchouc et d'un abruti de vingt ans pour être pâmée.

CHARLOTTE

Oui, comme tu dis, j'étais plus difficile... Ah, ah, quel terme : difficile. Tu me dégoûtes, Antoine. Veux-tu le savoir : tu me dégoûtes.

ANTOINE

Il est trop tard, ma chère. L'innocence n'est plus de ton âge.

CHARLOTTE

Le cynisme non plus, mon pauvre ami.

Que veux-tu que j'y fasse. Et, cesse de boire !

Un temps.

ANTOINE

En tout cas, tu ne m'échapperas pas, ma tendre Charlotte.

CHARLOTTE

Mais pourquoi ? Tu peux rester ici dix ans. Je ne te jetterai pas dehors.

ANTOINE

Veux-tu que je raconte ton glorieux passé à ton gigolo ?

CHARLOTTE

Gigolo ? Le terme est comique, Antoine, dans notre situation.

ANTOINE

Que dirait-il de tes hauts faits ? Il y a aussi un certain suicide qui émouvrait ce bon cœur. Ce pauvre petit Richard, il avait son âge, non ? Toute une nuit, il a attendu un mot de toi, un seul mot, avant de se tuer ! Tu dansais, ma douce, avec moi, tu t'en moquais.

CHARLOTTE

Vas-y, va. Fais ton Vauxier. Il croira que j'ai beaucoup souffert.

ANTOINE

Alors tu comptes me faire rester ici jusqu'à ma mort ? A regarder Léopold te regarder sans cesse et...

CHARLOTTE, *vivement.*

Il me regarde sans cesse ?

ANTOINE, *ricanant.*

Oui. Il a le désir lent. Je dois donc rester toute ma vie dans ce salon minable à te regarder brûler comme Phèdre pour un Hippolyte dégénéré...

CHARLOTTE

Pas la nuit.

ANTOINE

Passons... Un Hippolyte qui s'empâtera en buvant mon whisky...

CHARLOTTE

Au sujet d'empâtement, tu devrais te méfier, avec tous les whiskys que tu bois !

Ils se regardent.

ANTOINE

Tu n'es pas irréprochable, tu sais, toi non plus.

Rentre Augusta, l'air agité.

AUGUSTA

Comment allez-vous ? Toujours en forme ? Vinclair est déjà au billard. Charlotte, vous maigrissez en ce moment, je le disais à...

ANTOINE

C'est l'exercice.

CHARLOTTE

La vulgarité ne te va pas et jusqu'ici tu y échappais à peu près.

ANTOINE, *criant.*

J'étais bien le seul.

CHARLOTTE

Je suis en retard, je vais m'habiller.

Elle sort.

AUGUSTA

Je crois que je tombe mal.

ANTOINE

Vous ne « tombez » jamais mal, chère Augusta. Vous arrivez, c'est tout.

AUGUSTA, *satisfaite.*

Merci, Antoine. Vous pouvez être charmant quand vous le voulez. Où est Léopold ?

ANTOINE

Je ne sais pas.

AUGUSTA

Vous ne vous en occupez pas. N'est-ce pas ?

ANTOINE

Non.

AUGUSTA

C'est la meilleure solution. Je le disais à madame Lecoutre : quand les gens font des folies, il faut les laisser faire.

ANTOINE

Madame Lecoutre est au courant de.... pour Léopold ?

AUGUSTA

Vous pensez : tout Poitiers ! (*Se rattrapant.*) Vous pensez bien que Celie, voyant toujours bien fait le matin le lit de Léopold s'imagine...

ANTOINE

Oui, oui.

AUGUSTA

Oh, ça lui passera à Charlotte. Un engouement des sens.

ANTOINE

Quelle jolie expression.

AUGUSTA

Vous n'allez pas me dire qu'elle est vraiment amoureuse de cet idiot ? D'abord Charlotte amoureuse...

Elle rit.

ANTOINE

Je ne vous dirai rien du tout. Malgré votre grande envie de confidences. Je ne participe pas à la gazette de madame Lecoutre. Ni à celle de Vinclair. Ni à vos stupidités.

AUGUSTA

Antoine ! j'exige des excuses. (*Il hausse les épaules.*) Vous avez tort, Antoine. Vous devriez vous garder des alliés. Vous ne devriez pas faire le fier. Du temps de mon frère, vous pouviez être dédaigneux, mais maintenant... (*Il ne répond pas.*) Vous êtes tombé sur plus jeune que vous, et ça se voit. Ça, ça se voit. Je voulais vous aider mais je renonce. Ah ! ah, il s'est bien débrouillé, le petit Léopold. Il aura l'argent et Charlotte, ou plutôt Charlotte et l'argent.

ANTOINE, *rêveur*.

Quel ton ! Quelle hargne ! Je ne vous connaissais pas cette vitalité, Augusta.

AUGUSTA

Je peux vous le dire à présent. Quand vous êtes arrivé, il y a cinq ans, je vous ai trouvé beau. Oui, beau. Vous aviez l'air bizarre, amené par le vent, vous étiez séduisant... Mais maintenant... après cinq ans de cigares et de fauteuil aux frais de mon frère, vous êtes endormi, Antoine, vous êtes laid.

ANTOINE, *doucement*.

Vous me trouvez fichu, hein ?

AUGUSTA

Oui. (*Elle sourit.*) Vous êtes fichu, Monsieur l'agrégé. Et Charlotte ne vous aime plus.

ANTOINE

Sans doute. Et vous n'imaginez pas que je puisse vivre sans elle ?

AUGUSTA

Vous ! sans Charlotte !

ANTOINE, *doux.*

Oui, oui... moi non plus je n'imagine pas.
                    Un temps, elle le regarde.

AUGUSTA, *apitoyée.*

Ah, si vous aviez voulu, Antoine...

ANTOINE

Je n'y aurais jamais pensé, consolez-vous.
Je vous ai toujours trouvée impossible.

VOIX DE VINCLAIR

Vous venez faire un billard ?

*Antoine sort de la pièce. Augusta
reste immobile. On entend la voix de
Charlotte au premier.*

CHARLOTTE, *descendant.*

Augusta ? Que faites-vous ? Vous êtes
très habillée, dites-moi. Votre belle robe
jaune.

AUGUSTA, *la tête basse.*

Oui. Ma belle robe jaune.

*Charlotte commence à allumer les
bougies.*

Noir

SCÈNE IV

Le même décor, avec des bougies. On entend des bruits de couverts. Charlotte entre, un tourne-disques à la main, en robe du soir, remet du bois dans le feu.

CHARLOTTE

Qu'est-ce qu'il y a, Augusta ? Vous avez l'air triste. Tenez, aidez-moi à allumer les bougies.

ANTOINE

Charlotte !

CHARLOTTE

Oui.

ANTOINE

Tu ne joues pas au billard ?

CHARLOTTE, *seule*.

Non, merci. Je n'ai pas envie.

La porte du couloir s'ouvre. Apparaît Léopold en smoking.

CHARLOTTE

Tu mets du temps pour acheter des cigarettes ! Tiens, remplis les boîtes.

LÉOPOLD

Je... oui, excusez-moi. Je réfléchissais à quelque chose et je me suis promené et je n'avais pas de montre.

CHARLOTTE

J'adore cette lumière, c'est bien pour une fête. Qu'est-ce que c'est, tu t'es promené en smoking dans Poitiers ? Tu as dû avoir du succès.

LÉOPOLD

Je ne sais pas. Non, je pensais à votre air triste cet après-midi et... mon oncle... qui...

CHARLOTTE

Augusta, dites à Celie qu'on pourra servir le dîner.

AUGUSTA

Comme d'habitude.

Elle sort.

CHARLOTTE

Qu'est-ce que vous m'avez dit ?

LÉOPOLD

J'ai dit que je vous fais vivre une situation odieuse pour une femme. Je... Charlotte... voulez-vous m'épouser ?

CHARLOTTE, *stupéfaite*.

Vous... Tu veux que je t'épouse ?

LÉOPOLD

Si vous acceptez, je... Enfin, une femme comme vous, vivre dans une maison avec moi sans être mariée... Ce n'est pas parce que mon oncle abusait que...

CHARLOTTE

Est-ce que tu es fou ?

LÉOPOLD

Je sais bien que je ne suis pas très... enfin très emballant, et que j'aurais dû en tout cas vous le demander tout de suite... Mais je crois que ce serait mieux. Ça régulariserait la situation, comme dit Celie.

CHARLOTTE

Celie ! Parce que tu crois que la situation est régularisable, toi ? Tu crois que je

peux vivre avec toi, être ta femme, mourir
près de toi, etc. ?...

LÉOPOLD

Si vous acceptez...

CHARLOTTE

Tu sais quel âge j'ai ? Et toi ?

LÉOPOLD, *rassurant.*

Oh ça ! C'est ennuyeux, un homme plus
jeune, quand il a du succès avec les femmes
ou qu'elles l'intéressent beaucoup. Mais
moi !

CHARLOTTE

Non ! je ne peux pas.

Elle rit drôlement.

LÉOPOLD

Pourquoi ne pouvez-vous pas ?

CHARLOTTE

Parce que tu ne m'aimes pas, mon chéri.
Pour épouser quelqu'un, il faut l'aimer.
Mon Dieu, quand je m'écoute parler ces
temps-ci, je frémis.

LÉOPOLD

Charlotte, je ferai ce que vous voudrez.
Je serai heureux, je ne sais pas si je ne

vous aime pas comme vous le voulez, mais...

CHARLOTTE

Non, Léopold.

VOIX DE VINCLAIR

On ne joue plus au billard ?

VOIX D'ANTOINE

Non ! je ne vois plus les boules.

CHARLOTTE

Les voilà. Ne parle de rien.

Entrent, Vinclair et Antoine, tous habillés. Vinclair garde sa queue de billard à la main.

ANTOINE

Que vois-je ? Léopold en smoking ? C'est toi qui le lui as payé, Charlotte ?

CHARLOTTE

Mais oui. Avec son argent.

ANTOINE

Décidément, entre ces deux smokings rutilants (*Il désigne Vinclair.*), j'ai l'air d'un misérable. Il faudra que tu penses à changer le mien aussi, ma chère.

LÉOPOLD

Vous ne trouvez pas que ça me va bien ?

ANTOINE

Mais si. Pourquoi pas ? Vinclair en a bien un.

VINCLAIR, *perfide*.

Evidemment je n'ai pas la minceur de la jeunesse, moi non plus.

ANTOINE

Mais si, vous êtes superbe. On dirait que vous avez fait Sciences-Po. Tenez, buvez mon cher Vinclair. Non, voyez-vous, je suis ravi. On est en famille, on est élégant, on est spirituel, cette soirée s'annonce comme une des meilleures de la saison. Ça me rappelle les grands soirs de Londres et de New York. Tu te souviens Charlotte ?

CHARLOTTE, *distraite*.

Oui vaguement.

ANTOINE

Un cigare, Vinclair ? Et vous, Léopold ? Tiens, qu'est-ce que c'est que ça ? un pick-up ?

CHARLOTTE

Oui, j'avais oublié, tiens... Vos valses sont là, Léopold, à côté.

LÉOPOLD

Vous y avez pensé...

Il lui prend la main.

ANTOINE

Mais ce n'est rien, voyons. De temps en temps un petit cadeau entretient l'amitié.

LÉOPOLD

Que je suis heureux !... Comment ça marche ?

Charlotte le regarde un instant tandis qu'il s'affaire, et hausse doucement les épaules.

VINCLAIR, *affairé.*

Laissez-moi faire : je suis un technicien. Voilà la prise. Mon beau-frère Langoureux en a un, stéréophonique, avec deux haut-parleurs et il n'y a que moi qui sache l'arranger.

ANTOINE

Evidemment. *On* ne fait pas de hautes études pour rien.

Un air de Strauss s'élève. Léopold semble aux anges près de l'appareil. Augusta entre.

ANTOINE

Il est inutile de garder l'oreille sur la
boîte, mon cher. Le son s'évade assez loin.

LÉOPOLD

Pardon ?

ANTOINE

Je dis que ce n'est pas le sein de Charlotte dans lequel vous enfouissez votre tête,
c'est le haut-parleur. Dégagez-vous donc.

LÉOPOLD, *debout.*

Je... vous...

ANTOINE

Ne bégayez pas, voulez-vous. Ce que
vous dites n'est pas si palpitant que je le
supporte deux fois.

LÉOPOLD

Excusez-vous auprès de Charlotte.

ANTOINE

C'est votre rôle, mon petit, les excuses.
Pas le mien.

LÉOPOLD

Vous n'avez pas le droit de parler d'une
femme comme...

ANTOINE

Ni de lui fumer au visage. C'est ça. Je

ne suis pas un cigare, vous aurez plus de
mal à me jeter par la fenêtre..

LÉOPOLD

Je ne sais pas.

Il marche vers Antoine.

CHARLOTTE

Ça suffit. (*Léopold s'arrête.*) Ça suffit.

ANTOINE

Allez, au pied, Léopold. Repos. Elle en
a dressé d'autres, vous savez.

CHARLOTTE, *sèche.*

Mal, je vois.

AUGUSTA, *consternée.*

Si on buvait une petite fine pour se changer les idées.

CHARLOTTE

Nous allons voir Augusta ivre morte. Ce
sera l'apothéose.

ANTOINE

Oui. Nous garderons un souvenir plus
pittoresque de Poitiers.

AUGUSTA *et* VINCLAIR

Vous partez ?

ANTOINE

Oui. Charlotte et moi allons nous réins-
taller à Paris.

LÉOPOLD, *à Charlotte*.

C'est vrai, Charlotte ?

CHARLOTTE

Qu'en pensez-vous ?

LÉOPOLD

Je comprends que vous vous ennuyiez beaucoup ici. Mais... (*Un temps. Ils le regardent.*) Je pourrai venir vous voir ?

CHARLOTTE

C'est tout ce que vous trouvez à dire ?

LÉOPOLD

Qu'est-ce que je peux dire ?

CHARLOTTE

Vous pourriez me supplier de rester, m'obliger à rester, me contraindre.

LÉOPOLD

Mais, de ma vie, je n'ai empêché quelqu'un...

CHARLOTTE

Voilà. Au demeurant, rassurez-vous, je ne pars pas.

Elle se détourne.

AUGUSTA

Quelle affreuse plaisanterie, Antoine !

ANTOINE

Ce n'est pas une plaisanterie. Charlotte
a assez fait joujou avec le caoutchouc, la
campagne et les petits garçons. On rentre.

Il boit.

LÉOPOLD

Vous ne buvez pas trop, Antoine ?

ANTOINE

Ça vous dérange ? Je vous ai offert ma
maîtresse trois mois, vous pouvez m'offrir
un verre, non ?

LÉOPOLD, *lentement.*

Vous ne m'avez pas offert Charlotte. Elle
m'a choisi.

ANTOINE

Vous avez de l'argent, mon bon.

LÉOPOLD, *tranquille.*

Ce n'est pas vrai. Ce n'est pas pour ça.

ANTOINE

Et si ça l'était ?

LÉOPOLD

Si ça l'était, je remercierais Charlotte
quand même pour... pour nos nuits. Mais
ce n'est pas vrai.

ANTOINE

Vous croyez qu'elle vous aime ?

LÉOPOLD

Je ne crois pas qu'on puisse s'éprendre de moi. Mais vous ne devez pas lui parler sur ce ton, vous pourriez la blesser.

Antoine boit un nouveau verre.

ANTOINE

On parle sur le ton qu'on veut à Charlotte, mon vieux, quand on la connaît. Elle a droit à tous les mépris, comme moi d'ailleurs.

LÉOPOLD, *agité*.

Personne. Personne n'a droit... c'est faux, vous le savez. Personne n'a le droit de dire un mot sur quelqu'un...

ANTOINE, *ironique*.

Vous feriez une carrière à Paris.

LÉOPOLD, *lancé*.

Charlotte est elle, elle est belle, elle est vivante, elle a du cœur... elle...

ANTOINE

Ça suffit. Et moi, vous ne me méprisez pas, sans doute ?

LÉOPOLD, *surpris.*

Mais non. Je vous trouve difficile parfois et pas très poli mais...

ANTOINE

Ce crétin pense ce qu'il dit. Cette belle âme répand la bonté et l'indulgence comme un infect breuvage. Et l'intelligence, vous savez ce que c'est ?

LÉOPOLD

Je...

ANTOINE

Eh bien, c'est rudement plus amusant que vos yeux limpides. Croyez-moi.

AUGUSTA

L'intelligence sans bonté est une arme bien dangereuse.

ANTOINE

De qui est-ce ? Madame Lecoutre ?

Charlotte n'a pas dit un mot. Elle se lève brusquement.

CHARLOTTE

Cela suffit. Passons à table. Léopold, donnez le bras à Augusta.

Léopold sort avec Augusta. Antoine reste indécis, son verre à la main,

Charlotte se dirige vers la porte à son tour.

ANTOINE, *retient Charlotte.*

Charlotte ! As-tu réfléchi ?

CHARLOTTE

Passez devant, Vinclair, je vous rejoins.

CHARLOTTE, *à Antoine.*

Réfléchi ? A quoi ?

Elle a l'air complètement distraite.

ANTOINE

Quand partons-nous ?

CHARLOTTE

Nous ne partons pas. Tu as vu son air, quand tu as dit que nous partions. L'air étonné, un peu triste, mais content pour moi, quand même. « Je pourrai aller vous voir ? » C'est drôle.

ANTOINE

Je te l'ai dit : c'est un monstre. Avec sa bonté dont tu nous rebats les oreilles ! Il faut être égoïste pour être humain. Je te l'ai dit. Alors, quand partons-nous ?

CHARLOTTE

Je n'ai pas envie de le quitter. Il s'amusera avec son pick-up, ses costumes, il en fera cadeau à n'importe qui, comme tout ce qu'on lui donne. Il dormira près de moi, et quand il ne me désirera plus, il sera si tendre que je ne pourrai même pas lui en vouloir. Quel dommage !

ANTOINE

Et moi ? Charlotte, écoute-moi. Je te le dis. J'ai besoin de toi. Je suis avec toi. Tu dois me suivre.

CHARLOTTE, *à elle-même*.

Il ne m'aime pas.

ANTOINE

Mais moi, je t'ai toujours aimée. Je t'ai fait mener une vie amorale, bon, mais qui t'amusait. Je t'ai soignée quand tu étais malade, je me suis occupé de toi toujours. J'ai besoin de toi.

CHARLOTTE, *sans l'entendre*

Ce n'est pas ma faute, il ne pourra jamais m'aimer.

ANTOINE

Charlotte ! Je n'ai plus rien. Je n'ai plus envie de rien. Je ne suis plus jeune, je déteste les gens : à force de les tromper, ils m'exaspèrent. C'est la dernière fois que je te le dis : je n'ai jamais aimé que toi, j'ai besoin de toi, tu dois me suivre.

CHARLOTTE, *distraite*.

Mais non.

ANTOINE

Tu veux rester avec ce crétin. Tu veux me laisser tomber. Ou mieux, que j'assiste à ton malheureux amour. C'est ça ?

CHARLOTTE

Mais fais comme tu veux. Tu m'ennuies à la fin. Pars, reste, débrouille-toi.

ANTOINE

Ça t'est si égal ?

CHARLOTTE, *sans répondre*.

Figure-toi qu'il m'a demandée en mariage.

ANTOINE, *stupéfait*.

Non ? ce n'est pas vrai ? Ah ! c'est trop drôle ! (*Il a une crise de rire.*) Toi, Charlotte, mariée à ce pur jeune homme ? Tu te moques de moi ?

CHARLOTTE

Arrête de rire, ça m'est désagréable.

ANTOINE

Je ne peux pas m'arrêter. Mais j'en rirai
sur mon lit de mort !

Il rit.

CHARLOTTE

Arrête de rire, Antoine, c'était gentil.

ANTOINE

Gentil ! C'était héroïque, oui. Qu'as-tu
invoqué comme prétexte ?

CHARLOTTE, *brusquement.*

Aucun, j'ai accepté. Ça me fera cinq
années heureuses, c'est toujours ça. Il a eu
peur, tout à l'heure, avec ton faux départ,
mais je l'ai rassuré d'un signe. Un bon
mari, il sera, tendre et attentif.

Un temps.

ANTOINE, *lentement.*

Tu me jures que cette histoire de mariage
est vraie ?

CHARLOTTE

Mais oui. Pourquoi ne serait-ce pas
vrai ? Au nom de quoi m'empêcherait-on
d'épouser ce charmant jeune homme ?

ANTOINE

Je t'en empêcherai.

CHARLOTTE

Ah, non, tu ne me fais plus peur, Antoine, je n'ai pas l'âge. Il y a un temps pour commander, décider, prendre, quand on est un homme. Tu l'as passé. Tu as passé le temps du sceptre et le temps du lit, au même moment. Pas de chance : tu n'as pas trouvé toi une jeune et riche héritière pour te repêcher. Moi si.

ANTOINE

Je t'interdis de me parler sur ce ton, Charlotte, tu as oublié ce dont j'étais capable.

CHARLOTTE

Oui, Antoine et dans tous les domaines. J'ai tout oublié, je t'ai oublié. Je ne te vois plus. Je ne t'entends plus. Tu es rien, un souvenir peut-être, collé au mur comme ces têtes d'animaux. Un souvenir gênant en plus. J'aime ce crétin, Antoine. Je n'aime que lui.

Entre Léopold.

ANTOINE, *se ressaisissant.*

Ah ! vous voilà, vous ; vous venez me

demander la main de Charlotte ? vous auriez pu attendre le dessert.

LÉOPOLD

J'ai en effet demandé à Charlotte si elle consentait...

ANTOINE

Et moi, qu'est-ce que je deviens dans votre infinie bonté et dans le plan quinquennal de Charlotte ?

LÉOPOLD

Mais vous restez ici. Rien n'est changé, je suppose.

ANTOINE

Rien ? Rien du tout. Et s'il me prend l'envie de courtiser votre... « femme » comme j'en avais l'habitude depuis quinze ans ? Vous m'enverrez à Augusta ?

LÉOPOLD, *gêné*.

Antoine, vous savez bien que Charlotte est libre... Ma femme... Rien ne m'a jamais appartenu, rien ne m'appartiendra ici et je ne le veux pas d'ailleurs.

ANTOINE

Ah, si je comprends bien, vous ne tenez pas à l'exclusivité. Pourquoi vous mariez-vous alors ? C'est pourtant un des motifs les plus fréquents et les plus fous d'ailleurs d'un mariage.

LÉOPOLD

Je crois que les femmes préfèrent être mariées, c'est naturel.

CHARLOTTE, *semblant se réveiller.*

En somme, vous m'épousez pour me faire plaisir ?

LÉOPOLD

Mais je serai très content...

CHARLOTTE

Et vous me prêteriez à Antoine au besoin pour lui faire aussi plaisir ?

LÉOPOLD

Mais, Charlotte, vous ferez ce que vous voudrez...

CHARLOTTE, *elle se détourne.*

Je vois.

ANTOINE

Mais ça change tout, ça, je reste maintenant.

CHARLOTTE, *furieuse.*

Parce que tu t'imagines...

ANTOINE

Je m'imagine que je ne serai pas le seul à être malheureux.

CHARLOTTE, *bas.*

Salaud.

Un temps.

ANTOINE

Bien, si nous mettions un peu de musique, des valses par exemple... je vais chercher vos invités.

Il sort.

LÉOPOLD

Charlotte, je vous ai blessée... Qu'est-ce que j'ai dit ?

CHARLOTTE

Rien, c'est de ma faute, je n'aurais jamais dû revenir en arrière, ne vous faites pas de soucis, Léopold.

Entrent Augusta, Vinclair, Antoine.

ANTOINE

Je vous présente le couple de l'année, les fiancés de Poitiers.

VINCLAIR

Encore une de vos blagues, Antoine ?

CHARLOTTE

Non, Vinclair, ce n'est pas une blague pour une fois.

AUGUSTA, *l'embrassant.*

Mon Dieu, que je suis contente, je vous félicite ma petite Charlotte et vous aussi Léopold.

Elle embrasse aussi Léopold, se tourne machinalement vers Antoine et s'arrête :

ANTOINE, *riant.*

Moi aussi, moi aussi vous pouvez m'embrasser, ma chère Augusta, Léopold est si gentil... si gentil.

Rires.

Augusta se met aussi à rire, puis Vinclair, Léopold sourit, Charlotte a baissé les yeux.

FIN

*Cet ouvrage reproduit par procédé photomécanique
a été achevé d'imprimer en février 1984
sur les presses de l'Imprimerie Bussière
à Saint-Amand (Cher)*

— N° d'édit. 2036. — N° d'imp. 2508. —
Dépôt légal : 1er trimestre 1984.

Imprimé en France